FACULTÉ DE DROIT DE TOULOUSE

DE L'ADITION D'HÉRÉDITÉ

EN DROIT ROMAIN

DE LA SAISINE HÉRÉDITAIRE

DANS L'ANCIEN DROIT FRANÇAIS

DE L'ACCEPTATION DES SUCCESSIONS

EN DROIT FRANÇAIS

Thèse pour le Doctorat

SOUTENUE

Par Ernest POUZET

AVOCAT, NÉ A CAHORS (LOT).

TOULOUSE

IMPRIMERIE J.-M. BAYLAC

Rue de la Pomme, 34.

1871

FACULTÉ DE DROIT DE TOULOUSE

—◦◦◦◦◦—

DE L'ADITION D'HÉRÉDITÉ

EN DROIT ROMAIN

DE LA SAISINE HÉRÉDITAIRE

DANS L'ANCIEN DROIT FRANÇAIS

DE L'ACCEPTATION DES SUCCESSIONS

EN DROIT FRANÇAIS

———

Thèse pour le Doctorat

SOUTENUE

Par Ernest POUZET

AVOCAT, NÉ A CAHORS (LOT).

TOULOUSE

IMPRIMERIE J.-M. BAYLAC

Rue de la Pomme, 34.

—

1871

F

42082

A LA MÉMOIRE DE MON ONCLE

A MA TANTE — A MA FEMME

———————

A MON AMI EMMANUEL CHAUBARD

FACULTÉ DE DROIT DE TOULOUSE

1870-71

MM.

DUFOUR ✳, Doyen, Professeur de Droit commercial.

RODIÈRE ✳, Professeur de Procédure civile.

MOLINIER ✳, Professeur de Droit criminel.

BRESSOLLES ✳, Professeur de Code Napoléon.

MASSOL ✳, Professeur de Droit romain.

GINOULHIAC, Professeur de Droit français étudié dans ses origines féodales et coutumières.

HUC, Professeur de Code Napoléon.

HUMBERT, Professeur de Droit romain.

POUBELLE, Professeur de Code Napoléon.

ROZY, Professeur de Droit administratif.

BONFILS, agrégé.

ARNAULT, agrégé.

DELOUME, agrégé.

CONSTANS, agrégé.

M. DARRENOUGUÉ, Officier de l'Instruction publique, secrétaire, agent-comptable.

Président de la Thèse, M. RODIÈRE,

Suffragants : { MM. HUC, ROSY, BRESSOLLES, } *Professeurs.*

BONFILS, *Agrégé.*

La Faculté n'entend approuver ni désapprouver les opinions particulières du Candidat.

DROIT ROMAIN

DE L'ADITION D'HÉRÉDITÉ

Aux premiers jours de la république romaine, la famille nous apparaît comme une agrégation politique de personnes réunies par des liens purement civils à un chef que la loi et non la nature semble avoir mis à sa tête. Enfants et esclaves assujettis au même joug paraissent confondus dans la même condition. C'est une magistrature inexorable dans ses décisions, sans appel en faveur de ceux qu'elle vient frapper de ses arrêts, que le père de famille exerce sur les personnes qui lui sont soumises.

Quand un citoyen mourait sans désigner le continuateur de sa personne, ses biens saisis par ses créanciers étaient mis en vente et sa mémoire était flétrie par cette déclaration publique de son insolvabilité. Maître absolu, de son vivant, de ses enfants et de ses esclaves, le père de famille ne pouvait supporter l'idée de cette mise en possession de son patrimoine, de cette vente aux enchères de tous ses biens à laquelle il lui eût été impossible de se soustraire si son autorité eût disparu avec lui. D'ailleurs, le droit de tester, écrit dans les douze tables, à l'exercice duquel le Romain attachait une si grande importance, n'eût été qu'une vaine prérogative si l'héritier eût pu en répudiant la succession, se dérober à la loi écrite dans le testament. Aussi pour répondre à cet ardent désir du père de famille d'éviter la tâche dont le menaçait la renonciation à son hérédité, cette puissance qu'il exerçait avec autant d'étendue sur ses esclaves et sur ses enfants, fût par une fiction légale prolongée au delà de la tombe et vint lier à une succession souvent ruineuse celui qui était choisi par le père ou le maître.

Le citoyen, qui se voyait à son lit de mort assiégé par des créanciers, qui à ses derniers moments tremblait à l'idée de la saisie de ses biens, avait la consolation de savoir que son patrimoine serait vendu sous le nom de son héritier et que l'infamie qui s'attachait à la mémoire de celui qui ne laissait pour répondre de ses engagements qu'un actif dévoré par des dettes, serait rejetée sur un autre. Le père de famille, que nous avons vu trôner despotiquement dans sa maison, réunissant sous son pouvoir ses enfants et ses esclaves, pourra fixer parmi eux celui qui devra prendre la qualité d'héritier, celui qui écoulera peut-être son existence dans les liens si terribles qui enchaînaient à cette époque un débiteur à son créancier.

Nous étant proposé d'étudier l'acceptation des successions, il peut sembler étonnant que nous nous occupions de cette classe de personnes, qui étant héritières malgré elles, se trouvaient liées à la succession sans manifestation de leur volonté. Mais comme bientôt les préteurs et les constitutions impériales vinrent adoucir ces dispositions rigoureuses du droit primitif, et assimiler enfin ces héritiers presque complètement aux héritiers volontaires, nous avons jugé indispensable de remonter jusques aux premiers jours de la république et de tracer une légère esquisse de cette classe de personnes, représentantes forcées de leur père ou de leur maître.

De l'héritier nécessaire.

C'est de cette puissance absolue du maître sur ses esclaves que dérive la création de l'héritier nécessaire. Le citoyen, qui pressentait que personne ne voudrait accepter sa succession, instituait héritier son esclave (1). Peu importait l'âge ou l'état mental de ce dernier. Aucun asile ne lui était ouvert contre les conséquences de cette désignation. Celui qui avant sa mort pouvait vendre son esclave, ne pouvait-il pas aussi le livrer en proie à ses créanciers (2)?

Arrivant à cette liberté que Théophile appelle le plus précieux de tous les biens, mais qui n'était à cette époque, et dans ces circonstances, qu'un don illusoire, il n'entrait parmi les hommes libres que frappé des in-

(1) Novissimo loco, in subsidium. Inst. de **Just. pr.** de **Vulg.** Substit. (II, 15).

(2) En disant que l'héritier nécessaire supporte les charges d'une hérédité insolvable, je n'entends pas prétendre que l'esclave appelé à la liberté par le testament de son maître se trouvât toujours dans cette condition malheureuse: Mais je l'ai montré dans la situation ou il était la plupart du temps.

capacités légales qui résultaient de l'insolvabilité. L'on peut se demander si cet esclave acquittant toutes les dettes du défunt, ne pouvait effacer complètement l'infamie dont il avait été frappé : si pour lui comme chez nous pour le failli il n'existait pas une sorte de réhabilitation. L'on a peine à comprendre que la loi vînt elle-même enlever la honte de sur la tête de celui qui l'avait méritée pour la rejeter sur un autre entièrement étranger aux faits desquels elle résultait. Sabinus, d'après Fufidius, ne voulait pas l'admettre « parce qu'il supporte la vente des biens par une nécessité de droit et non en punition de ses vices (1).

Gaius était d'un avis contraire, mais sans l'appuyer sur de bonnes raisons. Il se contentait de dire : *alio jure utimur*. Réponse peu satisfaisante à une attaque dirigée contre une disposition si singulière et si injuste.

L'esclave pouvait être institué purement et simplement : alors, à la mort de son maître, il devenait libre et héritier ou conditionnellement, et dans ce cas, il fallait attendre l'avénement de la condition. Comme le don de la liberté n'était qu'un legs révocable sans l'observation des formes exigées pour la révocation de l'institution, si le maître vendait son esclave, ce dernier ne devenait pas libre en devenant héritier, mais acquérait la succession à celui sous la puissance duquel il était, si toutefois il recevait l'ordre de faire adition.

Au temps de Justinien, que le testateur affranchît ou n'affranchît pas l'esclave qu'il instituait, la liberté lui était acquise. C'est ce que cet empereur décide dans

(1) Gaius, Comm. 2, §, 154.

une de ses cinquante décisions pour mettre un terme aux controverses dans lesquelles s'étaient jetés les jurisconsultes antérieurs.

Bientôt le droit strict, sous l'influence des préteurs, s'adoucit et la séparation des patrimoines vint permettre à l'esclave de mettre ses biens personnels à l'abri des poursuites et de commencer une fortune indépendante. Les créanciers héréditaires ne pourront s'emparer des biens que l'esclave aura acquis depuis sa liberté. Ils seront même obligés, si le défunt lui devait quelque chose de l'admettre parmi eux. « *Sed et si quid ei a testatore debetur* (1). » L'esclave, pour obtenir ce bénéfice, devait s'adresser au préteur qui le lui accordait par décret. « *Scilicet si non attigerit bona patroni.* » Ce sera bien toujours lui que les créanciers poursuivront, mais leur droit ne s'étendra pas au-delà des biens héréditaires.

Nous venons de voir par quel étrange moyen le testateur échappait au déshonneur. Un esclave devait supporter le fardeau d'une hérédité criblée de dettes, entraînant avec elle l'ignominie sur la tête de celui auquel elle était imposée.

Sous l'influence des sentiments de commisération que devait faire naître le spectacle de cette situation malheureuse, le préteur avait restreint le gage des créanciers aux biens héréditaires. Justinien, par l'abolition des ventes en bloc, effaça les effets qui en étaient la conséquence et réalisa enfin les vœux si justes des jurisconsultes dont nous avons parlé plus haut.

(1) Sciendum est..... texte d'Ulpien. Dig. de Separat. (42, 6).

De l'héritier sien et nécessaire.

Nous arrivons à présent à cette classe d'héritiers (1) qui diffèrent de l'esclave parce qu'ils sont unis au *de cujus* par les liens du sang ou par des liens civils, parce qu'ils sont, en un mot, dans sa famille. Nous allons les voir assujettis aussi rigoureusement à cette volonté du père de famille que les esclaves. Comme eux ils sont forcément les continuateurs de sa personne, comme eux ils auront à subir l'ignominie résultant de la *venditio bonorum*.

Quant le préteur, sous l'influence d'un sentiment d'humanité, voulut soustraire l'héritier nécessaire à la condition onéreuse que leur maître pouvait leur imposer par testament, il ne crût pas cependant devoir les garantir de l'infamie et l'on vit encore, malgré les protestations de certains jurisconsultes, des malheureux frappés par la honte qu'un autre avait attirée sur sa tête. Mais en face des héritiers siens qu'une exagération de la puissance paternelle avait aux premiers jours du droit retenus sous le même joug, le préteur dût encore augmenter ces favorables dispositions et leur donner par un bénéfice plus étendu le droit de rester complétement étrangers à la succession.

Les créanciers n'auront pour l'acquittement de leurs créances que les biens héréditaires qu'ils vendront sous

(1) Quia domestici heredes sunt, et vivo quoque parente quodammodo domini existimantur. Gaïus. Comm. 2, 157.

le nom de leur débiteur; et, s'ils veulent, leurs titres
à la main, attaquer l'héritier, ce dernier n'aura pour
les écarter qu'à répondre qu'il s'abstient. Le bénéfice
d'abstention leur est acquis de plein droit, ils n'ont pas
besoin de le demander au préteur (1), l'immixtion seule
le leur fera perdre et encore faudra-t-il que celui qui
aura fait acte d'héritier, ait dépassé sa vingt-cinquième
année. S'il n'a pas atteint cet âge, la *restitutio in integrum*
viendra le replacer dans sa position première, alors
même qu'il aurait été condamné comme héritier sur la
poursuite des créanciers héréditaires. Quand l'héritier
poursuivi avait répondu qu'il s'abstenait, il n'avait pas
pour cela abdiqué son titre et les avantages qui y
étaient attachés. Il avait la chance de gagner sans courir
le risque d'engager ses biens personnels. Aucun délai
ne lui était imposé, et pourvu qu'il n'ait pas pris qualité, le droit de se porter héritier lui restait entier.
« *Cum nondum bona venierint donec res paternæ in
eodem statu premanent.* Justinien fixa ce délai, d'abord
indéfini, à trois ans dans le cas où la vente des biens
n'avait pas eu lieu (2). Dans le cas contraire, le droit
était perdu aussitôt que la vente était consommée.

Ainsi au décès du *de cujus* ou à l'avènement de la
condition, l'héritier sien et nécessaire est saisi de la
succession qu'il le sache ou qu'il ne le sache pas, qu'il
le veuille ou non.

Mais cette saisine qui, sous l'empire du droit strict,
le frappait inévitablement, est devenue facultative de-

(1) Non esse necesse prætorem adiro, sed sufficit se non miscuisse
hereditati. Dig. de acquir. vel. omitt. heredit. 20, 2.
(2) C., de repud. vel abstin... heredit. 0, 31.

puis l'introduction du bénéfice prétorien. Aussi peut-on
dire à partir de cette époque, que par la renonciation au
bénéfice d'abstention, l'héritier sien et nécessaire
accepte l'hérédité, comme l'héritier externe par la manifestation de sa volonté.

De l'héritier externe.

Lié au *de cujus* par des relations d'amitié ou de
famille, mais entièrement affranchi de sa puissance,
l'héritier externe a le droit d'accepter ou de répudier
la succession qui s'est ouverte en sa faveur. Le désir
d'augmenter sa fortune ou l'accomplissement d'une
obligation morale, sont les seules causes qui puissent
déterminer son acceptation. Comme pour l'héritier sien
et nécessaire le droit de l'héritier externe sur l'hérédité
à laquelle il est appelé, s'ouvre bien au décès ou à
l'avènement de la condition, mais à la différence du
premier il ne lui est acquis que du jour de son acceptation. Il est inutile d'entrer dans l'énumération des
personnes qui sont héritières externes; il suffit de dire
avec Justinien : *Ceteri qui testatoris juri subjecti non
sunt extranei heredes appellantur* (1).

Des pecules. Du jussus du père ou du maître.

Nous avons vu l'héritier externe libre de continuer la
personne du *de cujus* ou de rester complétement étran-

(1) Egalement Galus comm. 2, 161. Inst. de Just. 2, 19.

ger à la succession. Maintenant nous arrivons à cette classe d'héritiers qui, retenus sous la puissance du père ou du maître, ne peuvent prendre la qualité qui leur est transférée par testament ou *ab intestat* (du moins quant aux fils de famille) que sur l'ordre de celui sous l'autorité duquel ils sont placés (1). Nous ne parlerons pas longtemps de l'adition d'hérédité par les esclaves. Confondus entièrement avec la personne de leur maître, ils n'ont pas personnellement faction de testament avec celui qui les institue, puisqu'au point de vue juridique ils n'ont aucune existence. Ce ne sont pas des héritiers nécessaires quoique leur adition soit faite en vertu d'un ordre auquel ils ne peuvent se soustraire, puisque la succession qu'ils acceptent pour exécuter la volonté de leur maître ne fait que passer sur leur tête et va se réunir aux biens de celui dont ils dépendent.

A la naissance du droit, le fils de famille nous apparaît presque complétement assimilé à l'esclave, soumis par la loi à la puissance paternelle qu'aucune limite ne venait arrêter. Du vivant de son père n'ayant d'autre abri contre cette autorité absolue dont il pouvait être à chaque instant menacé, que dans les sentiments d'affection qu'il inspirait, il devenait, lorsque la mort du chef de famillle le rendait *sui juris*, continuateur nécessaire de sa personne. A son premier jour de liberté, il pouvait se trouver enchaîné à une hérédité ruineuse, obligé de garder en présence des créanciers de son père ce titre d'héritier qui pouvait le faire retomber

(1) Ipse enim qui in potestate nostra est nihil suum habere potest. Gaius 2, 87.

dans un esclavage plus dur que celui dont il venait de sortir.

Mais à mesure que nous nous éloignons des premières années de la république, l'antique famille romaine tend à disparaître. Ces liens puissants qui unissaient les divers membres de la famille sous la domination d'un seul, vont s'affaiblissant. La puissance du chef s'ébranle de plus en plus. Le préteur vient par le bénéfice d'abstention préserver l'enfant des conséquences souvent déplorables d'une adition forcée.

Les citoyens de la République que l'amour de la patrie animait, disparaissent devant les nombreux prétoriens créés par le despotisme impérial. Ces hommes qui sur le champ de bataille acquéraient des biens considérables ou qui tenaient de la munificence du prince des donations nombreuses, s'indignaient d'en voir la propriété passer à leur père, qui, à son gré, pouvait disposer de tout leur patrimoine. Les empereurs qui s'efforçaient de s'attacher par des libéralités les soldats ou les courtisans dont leurs palais étaient peuplés, voulurent en assurer la propriété à leurs donataires.

Auguste, Néron, Trajan, sous le nom de *peculium castrensium* leur permirent de posséder à titre de propriétaire, ce qu'ils acquéraient à l'armée, d'en disposer entre-vifs ou par testament. (*Filii familias in castrensi peculio vice patrum familiarum funguntur*) (1).

---

(1) Dig. de Senat. Maced. 14, 0. De cast. pecul. 49, 17. Actionum, persecutionemque castrensium rerum semper filius etiam invito patre habet. — Miles filius familias a commilitone vel ab eo, quem per militiam cognovit heres institutus et citra jussum patris, suo arbitrio recte pro herede geret.

Les empereurs qui suivirent, augmentèrent encore ces prérogatives, et enfin, à côté de ce pécule, Constantin dans ses constitutions en créa un autre appelé *quasi-castrens*. Il était organisé en faveur des officiers du palais qui désormais se verront propriétaires des biens gagnés auprès de l'empereur. Théodose et Valentinien, Honorius et Théodose, Léon et Anthérimus étendirent cette faveur à d'autres professions, jusqu'à ce que le fils de famille quoique étranger à ces fonctions privilégiées eût reçu de Justininien le droit d'avoir un pécule composé des libéralités impériales.

Bientôt même, le père ne pourra prétendre sur les biens dont la mère a gratifié son fils qu'un droit d'usufruit. Sous le nom de pécule adventice, à partir de Constantin, ces biens appartiendront au fils. Comme le pécule castrens le quasi-castrens s'étendit avec les empereurs Arcadius et Honorius, Théodose et Valentinien, jusqu'à l'avènement de Justinien qui ne voulut admettre le père à la propriété des biens du fils qu'autant que ces biens proviendraient de lui.

Au temps des jurisconsultes (1), si le fils venait à mourir sans avoir disposé de son pécule, les biens qui le composaient, étaient recueillis par le père *jure peculii*. Justinien, aux Instituts, écrit : *Si intestati decesserint, nullis liberis vel fratribus superstitibus ad parentem eorum jure communi, pertinebit* (2). On a donné deux explications de ces mots *jure communi*. L'une d'elles se trouve dans la paraphrase de Théophile.

_____

(1) De cast. pecul. Dig. 49, 17.
(2) Inst. de Just. 2, 12.

Jure communi, nous dit le contemporain de Justinien, veut dire *jure peculii*. L'autre traduit par *jure successionis* cette phrase des Institutes.

Quelques concluants que puisssent paraître les arguments fournis en faveur de cette dernière opinion, je me rattacherai cependant à la première. Le fils de famille, en principe, est soumis d'une manière absolue à l'autorité paternelle. Il ne peut rien acquérir pour lui. Peu à peu des concessions lui sont faites. Mais on a soin de s'expliquer sur leur étendue. Il lui est permis de tester, mais on ne lui reconnaît pas de succession *ab intestat*. Justinien, trouvant le droit qui exclût les enfants et les frères trop rigoureux, accorde à ceux-ci le titre d'héritier. S'ensuit-il que le père verra son droit de pécule changé en droit de succession si son fils ne laisse ni enfants, ni frères. N'est-il pas probable que si Justinien eût voulu faire un changement aussi considérable, il l'aurait exprimé ; et surtout comment s'expliquer que Théophile, qui assistait à toutes ces réformes juridiques comme conseil, ait traduit par *jure peculii* ces mots que l'on prétend vouloir expliquer par *jure successionis*. Croit-on que sous Justinien, les créanciers du fils auraient eu le droit de poursuivre *ultrà vires* comme acceptant le père *qui jure communi*, c'est-à-dire *jure peculii* se serait emparé des biens de son fils mort sans laisser ni enfants, ni frères.

Ainsi comme nous l'avons vu dans la famille romaine, nous ne trouvons qu'une personne : c'est le *paterfamilias*. Lui seul a le pouvoir, lui seul a une existence légale. Toutes les autres personnes sont confondues dans la sienne. Esclaves et enfants sont réunis sous son autorité, ne peuvent agir que de son consentement, s'engager qu'avec son adhésion. Institués héritiers, la succession ne leur appartiendra plus dès qu'ils auront exécuté l'ordre de l'accepter. Elle ira grossir le patrimoine du chef de famille. Mais une hérédité n'est pas toujours avantageuse. Elle peut présenter plus de charges que de biens. Aussi faut-il que l'acceptation des personnes *alieni juris* soit faite avec l'ordre du père ou du maître. « Ne æri alieno pater obligaretur (1). » C'est le père de famille qui est en définitive l'héritier. Ce sera lui, en effet, qui profitera des avantages de la succession, mais ce sera aussi contre lui que seront dirigées les poursuites des créanciers héréditaires. Son ordre produira en sa faveur ou contre lui les effets d'une acceptation. Aussi, l'a-t-on soumis pour qu'il soit valable à des conditions nombreuses. Il faut qu'il soit formel (2), spécial (3), persévérant. Le père de famille trompé un moment par de faux rapports a donné le *jussus*. Il n'est pas irrévocablement lié, car s'il le retire avant l'acceptation de l'héritier qui lui est soumis, ce dernier ne pourra pas accepter. Le père de famille peut donner son ordre conditionnellement. Il peut par une sorte de démission de son pouvoir laisser l'option à l'héritier *alieni juris. Si expedit adire? Adito si putas expedire adire, adito* (4).

---

(1) Fr. 0. Ulpianus, dig. 20, 2.

(2) Fr. 36, Pomponius dig. 20, 2. Si ex sua parte dominus vel pater adierit, necessarium est jussum, ut filius vel servus coheredes adeant.

(3) Fr. 28, 20, 2. Digeste. Et magis placet, ut Gaius Cassius scribit, specialiter debere mandare.

(4) Dig. 20, 2.

2

Auctoritas tutorum (1).

Il y a des actes qui demandent de la part de celui qui va les accomplir une certaine intelligence *(Aliquem intellectum)*, d'autres l'*animi judicium*, d'autres enfin, qui ne peuvent être faits que par la personne même qu'ils intéressent. *Nemo alieno nomine lege agere potest.* Au nombre de ces derniers, nous remarquons l'adition d'hérédité, qui exigeait la prononciation de paroles consacrées, l'accomplissement de cérémonies symboliques. On divisa l'enfance en trois périodes. L'*infantia*, c'est-à-dire les premiers jours qui suivent la naissance, pendant lesquels l'enfant ne peut prononcer aucune parole. L'*infantiæ proximus* était celui qui pouvait articuler quelques mots quoique incapable d'en comprendre le sens et la portée. Enfin, le *pubertati proximus* était celui qui, arrivé à l'âge de sept ans, commençait à jouir de quelque intelligence. Les deux premières périodes étaient confondues en une seule : *nam infans et qui infanti proximus est non multum a furioso distant* (2). Mais cette assimilation de l'*infans* et de l'*infantiæ proximus* ne tarda pas à disparaître. *Sed in his pupillis per utilitatem benignior juris interpretatio facta est* (3). Sous Théodose, cette sépa-

---

(1) Voyez Demangeat, t. 2, *De inutilibus stipulat*; de Savigny, t. 3, traduction Guenoux.

(2) Gaius C. 3,109.

(3) Gaius 3,109.

ration de l'*infantia* et de l'*infantiæ proximitas* disparait de nouveau, et l'assimilation entre les deux périodes durera jusqu'à sept ans. L'on peut, je crois, expliquer par la différence des temps où ces divers change-
ments se sont produits les causes qui les amenèrent.
Aux premiers jours du droit civil, l'emploi des formules était rigoureusement exigé ; l'adition de l'hérédité ne
pouvait être faite que par celui-là même qui était appelé. Aussi, chercha-t-on de bonne heure à prévenir
les conséquences fâcheuses résultant de ces dispositions
sévères, en diminuant autant que possible la période
d'incapacité, en la limitant en un mot à ces quelques
moments où l'enfant attaché à la mamelle ne peut
prononcer aucune parole ; et quoique les jurisconsultes
reconnussent parfaitement que l'intelligence n'éclairait
pas plus l'*infans* que l'*infantiæ proximus*, ils voulurent
cependant permettre aux pupilles, par une interprétation favorable, d'accepter avec l'autorisation du tuteur,
les successions qui leur étaient déférées, aussitôt qu'ils
pourraient prononcer les paroles des formules. Mais
dans le bas-empire les formules solennelles disparaissent. Le tuteur est autorisé à accepter pour l'*infans*
(Const. de Théodose et Valentinien, C. 6, 30). Dès-lors
il devenait parfaitement inutile de maintenir cette distinction entre l'enfant qui ne parle pas encore et l'enfant qui prononce quelques mots, créée pour éviter les
inconvénients de la rigueur des principes, mais qui
n'eût pas été justifiable du moment que cette sévérité
n'existait plus. Le pupille qui fait adition d'hérédité
sans l'*auctoritas* de son tuteur, n'est nullement engagé.
L'*auctoritas* doit être donnée par le tuteur présent et au

moment même. *Tutor statim in ipso negotio*, etc. (1).
C'est elle qui complète la personne du pupille. Intervenant après, elle ne produit aucun résultat. Elle ne peut,
en effet, valider un acte nul lorsqu'il a été accompli.
Décider le contraire, c'eût été admettre une adition
émanant du tuteur seul. Elle doit être donnée purement
et simplement. Toute condition à laquelle elle serait
subordonnée la rendrait inefficace.

Plusieurs tuteurs ayant été nommés, et un seul étant
chargé de la gestion, devra-t-on déclarer nulle l'acceptation d'hérédité du pupille autorisé par un des tuteurs
non gérants? Africain décide que non. On a cru trouver une opinion contraire dans un texte de Pomponius.
Mais les deux cas sont bien différents puisque, dans
l'espèce présentée par ce dernier jurisconsulte, il s'agit
d'une vente. Cujas, nous dit M. Demangeat (2), a parfaitement concilié les deux textes. Cependant il n'existe
assurément entre ces deux solutions aucune contradic-
tion. L'autorisation d'accepter peut émaner du tuteur
non gérant, parce que ce dernier n'a pas besoin pour la
donner de connaître les autres affaires du pupille. Il a
bien voulu abandonner une gestion pénible, mais il n'a
pas voulu devenir tellement étranger aux intérêts de
son pupille qu'il ait abdiqué en même temps le droit
d'autoriser une adition. La vente, au contraire, est un
acte de cette administration à laquelle il a renoncé.
Elle exige de la part de celui qui l'autorise la connaissance exacte de la fortune du pupille. Il n'est donc pas

(1) Instit. de Just., 1, XXII, § 2.
(2) Demangeat, t. 1, page 580.

extraordinaire que Pomponius déclare nulle la vente
autorisée par le tuteur non gérant.

De l'adition. — Condition de validité.

L'adition d'hérédité accomplie, l'héritier est lié définitivement par son quasi-contrat. Désormais continuateur de la personne du *de cujus*, il devra acquitter
toutes les obligations qui grèvent la succession. Les
conséquences qu'entraîne l'acceptation sont, comme on
le voit, excessivement graves, aussi n'est-elle déclarée
valable qu'autant qu'elle émanne d'un héritier libre et
intelligent.

Il faut qu'il connaisse parfaitement le titre en vertu
duquel il agit. « Dummodo sciat cum in cujus bonis
» pro herede gerit testatum intestatum ve obiisse et se
» ei heredem esse (1). — « Placet non obligari cum
» hereditati... nam ut quis... obstringat se hereditati,
» scire debet, quâ ex causâ hereditas ad cum pertinet (2). « Pater quotiens filio mandat adire certus esse
» debet, an pro parte, an ex asse, et an ex institutione,
» an ex substitutione, et an testamento, an ab intes-
« tato filius suus heres existat (3). »

L'acceptation doit être volontaire. Si un héritier,
sous l'influence de menaces, accepte, son engagement
tombera aussitôt qu'il aura fourni les preuves de la

_____

(1) Inst. de Just., 2,19, § 7.
(2) Digeste, 29, 2, de acquir. vel omitt. her.
(3) Dig., 29, 2, de acq. vel omitt. her.

violence dont il aura été l'objet. « Eum qui metu ver-
» berum vel aliquo timore coactus... (1)

Il faut qu'il jouisse de ses facultés pour pouvoir faire
l'adition. Celui qui se trouve dans un état de démence
ne pourra évidemment pas s'engager envers les créanciers héréditaires, en prenant une qualité dont il ne
comprend pas l'importance. « Furiosi voluntas nulla
est (2). » La prohibition disparait si, au moment de
l'acceptation, il se trouve dans un intervalle lucide (3).
Justinien décida que l'hérédité déférée à un fou pouvait
et devait être acceptée pour lui par son curateur (4).

Quoiqu'on ait dû limiter la capacité du prodigue, on
ne pouvait cependant annuler son acceptation. Son intelligence, en effet, n'est pas assez obscurcie pour qu'on
pût le déclarer incapable de se porter héritier. « Eum
» cui lege bona interdicitur heredem institutum posse
» adire hereditatem constat » (5).

L'acceptation ne peut être faite qu'au décès du *de
cujus* « nulla viventis est hereditas », ou à l'avénement
de la condition.

Non-seulement la succession doit être ouverte, mais
encore il faut que l'héritier ait connaissance du fait qui
a donné naissance à son droit. « Heres si putet testatorem
» vivere quamvis defunctus sit adire hereditatem non
« potest » (6). La renonciation de l'héritier premier ap-

(1) Digeste, 20, 2.
(2) Dig., 20, 2.
(3) Code de contrahenda emptione, 4, 38.
(4) Cod. de cur. Fur. 8, 70.
(5) Dig. 20, 2.
(6) Dig. de acq. vel omitt. her., 20, 2.

pelé ne validerait pas l'acceptation faite antérieurement.
« Sed ita demum pro herede gerendo acquiret heredi-
» tatem, si jam sit ei delata (1).

Il faut que l'acceptation résulte évidemment de l'acte
que l'on invoque contre l'héritier. Il faut que ce dernier
en l'accomplissant n'ait pas pu agir en une autre qualité. « Citra nomen et jus heredis. » La vraissemblance,
si grande qu'elle puisse être, n'est pas suffisante. « Nisi
» evidenter quasi heres manumiserit, non debere eum
» calumniam pati, quasi se miscuerit hereditati (2). »

Limitant sa jouissance à la portion qui lui appartient
dans une chose qui était commune entre lui et le *de
cujus*, l'héritier présomptif ne fait pas acte d'héritier.
« Respondit, nisi eo consilio usus esset quod vellet se
» heredem esse non adstringi. Itaque cavere debet ne
» qua in re plus sua parte dominationem interpone-
» ret (3). »

L'acceptation est « potius animi quam facti ». Le fils
qui s'empare d'un bien paternel, croyant qu'il dépend
de la succession maternelle, n'est nullement lié par
cette mise en possession occasionnée par une erreur (4).

Il peut arriver que l'héritier acquitte de ses propres
deniers certaines dettes que le défunt avait laissées,
certaines obligations morales qu'il avait contractées. Il
vient, au nom du *de cujus*, en aide à de vieux serviteurs, soit en acquittant des legs modiques qui leur ont
été faits, soit en leur payant des gages qui leur étaient

(1) Dig. 29, 2.
(2) Loi 42, Dig. 29, 2.
(3) Dig. 29, 2.
(4) Loi 87, 29, 2.

dûs, sans que l'on puisse faire résulter son acceptation
de cette sorte d'immixtion (Pietatis aut custodiæ causâ).
Il devra cependant faire ses protestations. « Et ideo
» solent testari liberi, qui necessarii existunt non animo
» heredis se gerere quæ gerunt, sed aut pietatis aut
» custodiæ causa.... Enimvero si pietatis causa id fuit,
» non videtur pro herede gessisse » (1). Il peut aussi
payer de ses deniers les frais funéraires sans qu'on
puisse invoquer contre lui cet accomplissement d'un
devoir pieux (2).

Mais si l'héritier prend dans la succession de l'argent pour payer les légataires ou les créanciers, son
acceptation est évidente parce qu'il ne peut expliquer
ces divers actes que par sa prise de qualité (3).

Au décès du *de cujus*, l'héritier acquiert un droit
sur la succession. Il est donc intéressé, quoique n'ayant
encore pris aucun parti à ce que la masse héréditaire ne
périsse pas. Aussi lui est-il permis de faire des actes
conservatoires. « Si quid custodiæ causa fecit, apparet
» non videri pro herede gessisse (4).

Enfin, pour nous résumer, nous dirons que l'acceptation doit émaner de l'héritier jouissant au moment
où il prend cette détermination de sa pleine liberté. Il
ne peut être lié que par sa volonté éclairée par la connaissance certaine de l'ouverture de la succession dont
il s'agit.

---

(1) Loi 20, Digeste de acq. vel omitt. her., 29, 2.

(2) Dig. de relig. et sumpt funerum, 11, 7.

(5) Tunc pro herede geri dicendum esse ait, quoties accipit quid citra
nomen et jus heredis accipere non poterat. Dig. de acq. vel omitt. her.,
29, 2. Cod. de jur. del., 6, 30. Cod. de inoff. testam., 5, 28.

(4) Dig., 29, 2.

Le droit ancien avait fixé au jour du décès ou à
l'avènement de la condition, suivant que l'institution
était pure et simple ou conditionnelle l'ouverture de
l'hérédité. Les lois *Popia Poppæa* avaient retardé la
diei cessio a *l'apertura tabularum*. Justinien abolit cette
disposition qui n'avait d'autre but que de grossir les revenus du fisc en augmentant les causes de caducité et
rétablit l'ancien droit. Dans le cas où le défunt avait
péri de mort violente, l'adition était reculée jusqu'au
jour où les esclaves avaient subi la torture. On voulait
par là assurer autant que possible la découverte de
ceux qui avaient commis le crime « *ne heres propter*
compendium suum familiæ facimus occultaret (1). »

Pour l'héritier sien et nécessaire, l'ouverture du droit
et l'acquisition ont lieu au décès ou à l'avènement de la
condition. Pour l'héritier externe, le droit naît aux
mêmes époques, mais n'est acquis qu'à l'adition.

Le premier est saisi des biens héréditaires par la
loi elle-même. L'hérédité vient à lui qu'il le sache ou
qu'il ne le sache pas.

Le second au contraire doit aller à la succession,
déclarer sa volonté d'accepter pour jouir des avantages
que lui confère sa qualité d'héritier. Le droit d'accepter
qu'il n'avait pas exercé, soit parce qu'il n'avait pas eu
le temps soit même parce qu'il n'en avait pas connu l'ouverture s'éteignait avec lui. Ses héritiers ne pouvaient
rien réclamer, en son nom, de cette succession à laquelle
sa mort venait de le rendre complétement étranger. Les
constitutions impériales s'efforcèrent de remédier à

(1) Dig. 29, 5.

cette rigueur du droit. D'abord elles déclarèrent avec
Théodose et Valentinien que les enfants héritiers par le
testament d'un ascendant ou descendant, quoique décédés avant l'ouverture des tables, transmettraient leur
droit à leurs propres héritiers. Le père peut recueillir
la succession échue à son fils mineur de sept ans,
quoiqu'il ne l'eût pas acceptée pour lui avant son décès.
Enfin Justinien (1) généralisa ces innovations en permettant à l'héritier de celui qui était mort dans les
délais accordés pour délibérer, d'accepter ou de renoncer. Il avait pour prendre parti tout le temps qui
restait de l'année qui courait depuis l'ouverture.

Formes de l'adition ; Délais dans lesquels elle doit être faite.

L'héritier pouvait faire adition soit en faisant crétion
dans le temps donné (2), soit par sa déclaration formelle,
soit par l'accomplissement d'un acte de maître.

Il y avait la crétion vulgaire et la continue. Elles se
distinguaient l'une de l'autre en ce que dans la première
le testateur introduisait les mots « *quibus sciet poterit
que* » qui ne se mettaient pas dans la seconde. « Quia
tamen dura est hœc cretio, altera magis in usu habetur (3). »

(1) Cod. 6, 30.
(2) Gaius, 2, 166.
(3) Gaius, 2, 171.

L'héritier institué avec crétion devait accepter dans le délai qui lui était assigné et en prononçant les paroles consacrées. « Quod me Publius Titius testamento suo heredem instituit, eam hereditatem adeo cerno-que (1). »

Sous Justinien l'institution avec crétion a complète-ment disparu (2).

Lorsque l'héritier n'était pas institué avec crétion, il pouvait reculer indéfiniment l'époque de l'adition. « Eique liberum est quocumque tempore voluerit, adire hereditatem (3).

Cependant à côté de cet héritier (4) se trouvaient des créanciers, des substitués, des légataires dont les droits devaient être sauvegardés. Le préteur leur vint en aide. « Sed solet prætor, postulantibus hereditariis credito-ribus, tempus constituere, intrà quod si velint, adeant hereditatem : Si minùs, ut liceat creditoribus bona defuncti vendere (5). »

Cent jours au moins devaient lui être accordés. Les magistrats sous Justinien pûrent étendre ce délai jusqu'à neuf mois. Le temps expiré, l'héritier ne pouvait obtenir une prolongation qu'en s'adressant à l'empereur qui seul avait le droit d'accorder une année (6).

---

(1) Gaius. 2, 166.

(2) Supprimée en 407 par une constitution d'Arcadius, Honorius et Théodose. Cod. 6, 30.

(3) Gaius. 2, 167.

(4) Extraneis heredibus deliberandi potestas data est de adeunda here-ditate vel non adeunda. Gaius 2, 162.

(5) Gaius, 2, 167.

(6) Cod. 6, 30 de jure deliberandi.

Gaius (1) nous parle d'une « lucrativa usucapio » qui s'accomplissait contre l'héritier qui gardait le silence et qui le dépouillait de tout droit à la succession en faveur de celui qui la possédait pendant un an, quelle que fût la mauvaise foi de ce dernier. On avait voulu par là, dit-il, assurer l'exécution des sacrifices, des cérémonies « quorum illis temporibus summa observatio fuit » et protéger en même temps les créanciers. Adrien (2) déclara nulle une aussi injuste usucapion. Il l'autorisa cependant en présence de l'*heres necessarius*, qui conserva le droit d'opposer la règle : « nemo sibi causam....,

Nous avons vu que l'héritier pouvait recevoir un délai du testateur ou du préteur sur la demande des créanciers : institué avec crétion ses droits étaient plus étendus. Sa renonciation en effet ne le dépouillait définitivement qu'autant qu'elle était faite après l'expiration du temps accordé (3). Dans le second cas, au contraire, sa renonciation était irrévocable. Il n'y avait pas à distinguer s'il l'avait faite avant ou après l'expiration du délai.

Des effets de l'adition.

1° Vis-à-vis des créanciers.

A l'ouverture de la succession, l'héritier présomptif pourra renoncer à son droit, et alors il restera com-

(1) Gaius. 2, 52.
(2) Gaius. 2, 57.
(3) Gaius. 2, 108.

plétement étranger à l'hérédité. Le patrimoine du *de
cujus*, abandonné, deviendra la proie de ses créanciers.
Seuls, les biens héréditaires répondront des engagements contractés par le maître dont la personne s'est
définitivement éteinte. Les divers intéressés n'auront
plus de débiteur auquel ils puissent demander le paiement. Ou bien, il déclarera son acceptation, et alors la
personne du défunt irrévocablement unie à la sienne
revivra toute entière. Désormais, les biens et les dettes
héréditaires seront dans son patrimoine. Les créanciers
et les débiteurs du *de cujus* deviendront les siens. Il
sera propriétaire de tout ce dont celui auquel il succède
était propriétaire. Pour acquérir la possession il devra
toutefois, indépendamment de la manifestation de sa
volonté, accomplir un acte matériel de possession.
« Cum heredes instituti sumus adita hæreditate, omnia
» quidem jura ad nos transeunt : Possessio tamen, nisi
» naturaliter comprehensa, ad nos non pertinet (1).
» Neratius et Proculus solo animo non posse nos acqui-
» rere possessionem aiunt, si non antecedat naturalis
» possessio (2). »

L'acceptation est individuelle. « *Qui tamen hereditatem acquirere potest, is pro parte eam scindendo adire
non potest* (3). » C'est en vain que l'héritier, poursuivi
de tous côtés, invoquera pour faire rescinder son imprudente détermination la ruine dont le menacent les
créanciers héréditaires. Définitivement enchaîné à la

---

(1) Fr. 23. Javolenus. Dig., 41, 2.
(2) Dig. de acq. vel am. poss.
(3) De acq. vel omit.. her. Dig., 29, 2.

succession, il devra subir les conséquences de son engagement irréfléchi : « *Sine dubio heres manebit qui semel extitit* (1). » Lé mineur de vingt-cinq ans trouvait dans sa jeunesse, dans son inexpérience des affaires, un motif de rescision. Le préteur lui venait en aide par la *restitutio in integrum.* « *Nam hujus ætatis hominibus, sicut in ceteris omnibus causis deceptis, ità etiam, si temerè damnosam hereditatem susceperint prætor sucurrit* (2). Mais celui qui avait dépassé cet âge était à jamais lié. Quelquefois les empereurs venaient par une *restitutio* répondre aux demandes, aux supplications d'un héritier imprudent ou trompé sur les forces héréditaires. Mais ce n'étaient que des concessions individuelles qui laissaient la loi debout après l'avoir fait fléchir dans un cas particulier (3). *Cum post aditam hereditatem grande æs alienum, quod aditæ hereditatis tempore latebat, apparuisset.*

Gordien avait étendu aux militaires les bénéfices de cette concession d'Adrien dont nous parlent les Instilutes. Enfin, Justinien par la création du bénéfice d'inventaire, vint permettre à l'héritier d'accepter une succession dont il redoutait les charges sans avoir à courir les risques d'un engagement irrévocable.

La plupart du temps, en face d'un héritier opulent, les créanciers héréditaires ne se hâtent pas de montrer leurs titres. Ne vaut-il pas mieux, en effet, pour eux, qu'ils attendent que leur gage se soit augmenté par

(1) Dig. de minor, 4, 4.
(2) Gaius, Com. 2, 163.
(3) G. Com. 2, 163 in fine.

l'acceptation de tous les biens personnels du continuateur de la personne de leur débiteur. L'héritier présomptif devait toujours craindre les conséquences de
son engagement. Placé entre ces deux situations extrê-
mes d'accepter ou de refuser, il pouvait arriver, ou
qu'il se trouvait immédiatement livré à des poursuites
ruineuses, ou qu'il avait le regret de voir passer dans
d'autres mains une riche succession à laquelle il était
appelé par la volonté du *de cujus*, mais dont l'avait
dépouillé son excès de prudence.

Le bénéfice d'inventaire vint préserver l'héritier de
cette alternative fâcheuse, de laquelle il ne sortait souvent que pour tomber dans les périls de l'acceptation ou
les regrets de la renonciation. Il suffit qu'il fasse inven-
torier les biens héréditaires, en présence de personnes
intéressées ; qu'il appelle pour sa confection le *tabula-
rius*. Trente jours lui sont donnés pour commencer
l'inventaire qui doit être terminé en soixante jours (1).
« *Sub præsentiâ tabulariorum.* »

Par des déchéances telles que la privation de la *quarte
falcidie*, et, en outre, par le danger de la poursuite
ultra vires, Justinien s'efforça d'amener tous les héritiers à user de la nouvelle institution. Dans l'ancien
droit, les intéressés faisaient sortir l'héritier de l'inaction, c'est-à-dire l'obligeaient à prendre parti en com-
mençant contre lui des poursuites. Ce dernier, alors,
devait demander un délai qui lui était accordé plus ou
moins long, suivant les circonstances. A l'expiration du
temps demandé pour délibérer, l'héritier était censé

(1) Loi Scimus 22, Code de jure deliberandi, C, 30.

renonçant. Justinien, au contraire, dans la même hypothèse, le déclare déchu du bénéfice d'inventaire, et
exposé à tous les risques d'une acceptation pure et
simple. « Si non intra datum tempus recusaverit here-
» ditatem, ommbus in solidum debitis, hereditariis
» teneatur » (1).

Le bénéfice d'inventaire empêche la confusion des
patrimoines. L'héritier bénéficiaire reste à la tête de
l'hérédité, il administre sous la surveillance des intéressés. Il conserve le droit de prendre place parmi eux,
de venir à son rang demander le paiement de ses créances. Les obligations que le *de cujus* avait contractées
envers lui survivent. Tant qu'il est dans les délais, nul
ne pourra intenter contre lui de poursuite. Il serait
repoussé par l'exception dilatoire dont il est armé (2).
Le bénéfice d'inventaire permet à l'héritier, qui néanmoins conserve son titre, de mettre son patrimoine à
l'abri des créanciers héréditaires. Il pourra bien se dire
le continuateur de la personne du défunt, mais ce ne
sera qu'en exécution d'une obligation morale qu'il
paiera au-delà des forces de la succession.

Les créanciers du *de cujus* devaient aussi trouver
dans la loi un abri contre les résultats d'une confusion
de biens. La mort de leur débiteur ne devait pas, en
effet, aggraver leur situation, en les obligeant à subir le
concours des créanciers personnels d'un héritier criblé
de dettes. Aussi leur accorda-t-on le droit de demander
la séparation de patrimoines.

(1) Code de jure deliberandi, 6, 30.
(2) Cod, 6, 30.

Ce droit de séparation de patrimoines qui devait être formellement demandé, *rebus integris*, et qui appartenait à tous les créanciers indistinctement (1), ne changeait en rien la situation de l'héritier. Son acceptation subsistait toujours. Son engagement n'était pas modifié. Seulement les créanciers qui craignaient de le voir amener à la contribution, des masses de créanciers, l'écartaient momentanément, demandant à être payés sur le gage héréditaire, à l'exclusion de tous les autres, des sommes qui leur étaient dues. Mais l'effet produit au décès du *de cujus* par l'acceptation de l'héritier n'est pas détruit. Ils ont voulu se mettre en garde contre le danger dont les menaçait l'héritier insolvable, mais ils n'ont nullement entendu le relever des conséquences de son quasi-contrat d'adition.

Paul et Ulpien déclaraient les créanciers héréditaires déchus par l'obtention de la séparation de patrimoines de tous droits sur les biens personnels de l'héritier. *Recesserunt a persona heredis* (2). Ulpien, toutefois, moins rigoureux que Paul, leur permettait d'exercer le recours lorsqu'ils avaient agi imprudemment (*temere*). Papinien, au contraire, prétendait que la séparation de patrimoines était un bénéfice uniquement institué en leur faveur et qui, dans aucun cas, ne pouvait leur préjudicier. Comment, en effet, expliquer la perte de leur droit de recours sur les biens de l'héritier joints à leur gage par sa propre volonté, par l'exercice d'une mesure conservatrice dictée par la prudence et autorisée par la loi. Toujours appuyant ses décisions sur l'équité,

(1) Ulpien, de separationibus, 42, 6. Dig.
(1) Dig. de separationibus, 42, 6.

3

Papinien ajoutait que les créanciers héréditaires n'ayant pas trouvé dans la succession des biens suffisants pour le paiement intégral de leurs créances, ne pouvaient demander le surplus à l'héritier qu'après que les créanciers personnels de ce dernier avaient été complètement désintéressés.

Les créanciers personnels de l'héritier ne sont jamais admis à demander la séparation de patrimoines. « Licet » alicui, adjiciendo creditorem, creditoris sui facere de- » teriorem conditionem (1). Cependant ils trouveront dans le droit qu'ils ont de faire rescinder l'acceptation de l'héritier insolvable d'une succession notoirement onéreuse, une ressource contre ce pouvoir de contracter de nouvelles obligations : injuste, exorbitant, s'il n'eût été sagement limité. « Sive se obligavit frau- » dandorum creditorum causa, vel quodcunque aliud » fuit in fraudem creditorum : palam est edictum locum » habere ».

Les obligations qui existaient entre le défunt et l'héritier s'éteignent par la confusion : Que le débiteur hérite du créancier ou le créancier du débiteur. Par rapport au tiers, la confusion ne produit pas les mêmes résultats. Tantôt, en effet, nous verrons l'une des obligations absorbée par l'autre, tantôt se prêtant un mutuel secours, subsister ensemble. Si un fidéjusseur hérite du débiteur principal obligé civilement, l'engagement fidéjussorial s'éteindra. Si, au contraire, le débiteur principal n'était lié que par une obligation naturelle pendant que le fidéjusseur était obligé civilement, ce sera

(1) De separationibus. Dig. 42, 6.

l'engagement du débiteur principal qui disparaîtra.
« Totiens verum est, quotiens rei plenior promittendi
» obligatio invenitur. » Quand le *de cujus* et l'héritier
étaient créanciers ou débiteurs corrés les obligations
diverses survivent malgré l'adition. Elles sont, en effet,
ejusdem potestatis. Il n'y a pas plus de motifs pour
éteindre l'une que l'autre. La personne de l'héritier
vient s'adjoindre à la personne du *de cujus* et la continuer. Comme conséquence de cette adjonction, l'adition rendait à une action paralysée par une exception la
force perdue. Ainsi, un héritier qui avait restitué, en
vertu du sénatus-consulte Trebellien, l'hérédité fidéicommissaire, se trouvait entièrement à l'abri des poursuites des créanciers. A leur demande, il répondait par
l'exception *restitutæ hereditatis*, et l'action directe tom-
bait. Mais si ce même héritier recueille la succession
du fidéicommissaire, les créanciers pourront, sans
avoir à craindre l'exception, exercer l'action directe
naguère repoussée. Il réunit, depuis l'adition, les deux
qualités d'héritier et de fidéicommissaire.

Le sénatus-consulte Velleien paralyse, par une exception, l'action directe que l'on exercerait contre la femme
dans le cas où elle se serait obligée pour un autre.
Mais si elle hérite de celui pour lequel elle s'est engagée
le bénéfice du sénatus-consulte ne peut plus être invoqué par elle et l'action directe recouvre toute son éner-
gie. Quel intérêt, d'ailleurs, aurait-elle à opposer
l'exception puisque par l'action utile ou restitutoire les
créanciers obtiendraient d'elle les mêmes résultats. « Et
» enim inconditum est subvenire sexui mulieris quæ
» suo nomine perclitetur.

L'adition d'hérédité produit l'effet d'un véritable paiement dans l'exemple cité par Papinien (1).

Un individu hérite d'un pupille à qui il avait prêté de l'argent sans l'autorisation du tuteur de ce dernier. « Non enim quanto locupletior pupillus factus est, con-» sequeretur sed in solidum creditum suum ex heredi-» tate retinet. »

2° Vis à vis des légataires.

Nés avec le testament les legs, simples espérances pour ceux à qui ils sont faits, du vivant du testateur, droits éventuels à sa mort, ne deviennent certains, irrévocables qu'au jour de l'adition. *Ante omnia requirendum est an institutio heredis solemni more facta sit* (2). Sans l'acceptation de l'héritier la volonté du défunt ne peut s'exécuter. Par l'effet de sa renonciation la succession arrive aux héritiers *ab intestat*, dégrévée des libéralités dont l'avait chargée le *de cujus*. Les légataires ne peuvent réclamer leur droit qu'après que la personne de leur donateur est venue se confondre, s'unir ou plutôt revivre dans celle de son continuateur.

Ils sont donc vivement intéressés à ce que le testament soit valable, car toute cause qui le fait tomber, atteint en même temps les libéralités qui y sont contenues et qui, si je puis m'exprimer ainsi, lui doivent la vie et ne la conservent qu'autant que lui-même reste debout. *Testamenta vim ex institutione heredis accipiunt.*

(1) De solutionibus et liberationibus. fr. 95, § 2. Dig. 46, 3.
(2) Gaïus, Comm. 2, 220.

Au commencement, la volonté du testateur s'exécutait
absolument dans toute sa rigueur : « Uti legassit suæ
rei, ita jus esto. » Il désignait celui qui devait lui succéder et pouvait ne lui laisser que la vaine dénomina-
tion d'héritier, pendant que tout son patrimoine passait
dans les mains des légataires. Aussi en face des charges
que l'acceptation entraînait avec elle et des nombreuses
libéralités qui absorbaient presque totalement l'hérédité, souvent les héritiers refusaient. Cette renonciation
amenait la ruine de tous les droits des légataires. On
s'efforça de remédier à ce grave inconvénient, en limitant les libéralités testamentaires. Ce fut d'abord la loi
Furia : « quâ exceptis personis quibusdam, ceteri plus
» mille assibus legatorum nomine mortis ve causa
» capere permissum non est (1); » quelques années
plus tard la loi Voconia (2) : « Qua cautum est, ne an
» plus legatorum nomine mortisve causa capere lice-
» ret, quam heredes caperent. » Ces lois n'atteigniront
pas le but proposé.

Le testateur sous l'empire de la première pût faire
disparaître l'hérédité sous le nombre des legs de mille
as ; sous l'empire de la seconde il put diminuer la part
de l'héritier, autant qu'il le voulut, par la multiplica-
tion des legs. Enfin, parût la loi *Falcidie qua cavetur
ne plus legare liceret quam dodrantem totorum bonorum* (3). L'héritier sera toujours sûr de conserver le
quart des biens héréditaires.

(1) Gaius, Comm. 2, 225.
(2) G. 2, 226.
(3) Gaius, 2, 227.

Souvent l'héritier institué se trouvait sollicité à refuser la succession : soit parce qu'il était appelé à l'hérédité *ab intestat*, soit parce qu'il recevait des héritiers légitimes le ⸋x de sa renonciation. Voulant autant faire exécuter ⸋a volonté du testateur qu'il ne pouvait laisser impunément violer, que mettre les légataires à l'abri des renonciations frauduleuses des divers intéressés, le préteur était venu en aide par son édit (1) aux personnes qui avaient reçu des libéralités lorsque l'institué, réunissant à son titre testamentaire la qualité de plus proche parent, répudiait pour recueillir avec les avantages qui y étaient attachés la succession *ab intestat...* *et in eos actionem pollicetur.* Les légataires auront le ⸋⸋⸋ de poursuivre l'institué en paiement de leurs ⸋gs lorsque ce dernier aura refusé dolosivement d'accepter, *si quis per fraudem* (2).

Dans les premiers temps les droits des légataires variaient suivant que leurs legs étaient faits *per vindicationem*, ou *damnationem*, ou *sinendi modo*, ou *per præceptionem*. Tantôt ils agissaient contre l'héritier par la *rei vindicatio*, tantôt par l'action personnelle. Gratifiés dans un legs *per vindicationem* ou *per præceptionem*, ils avaient un droit de propriété; tenant la libéralité d'un legs *per damnationem* ou *sinendi modo* ils n'avaient qu'un droit de créance.

Pour mettre un terme aux controverses sans nombre dans lesquelles s'étaient engagés les jurisconsultes, pour arrêter les contestations interminables que faisait naître cet emploi exagéré des formules, le sénatus-consulte

(1) Ulpianus, dig. 20, 4.
(2) 29, 4, Digeste.

Néronien vint décider que tout legs serait censé fait, *optimo jure*, c'est-à-dire *per damnationem* (1).

Les fils de Constantin (en 339) maintinrent les anciennes distinctions, mais n'exigèrent plus l'emploi des formules sacramentelles. Peu importe désormais les termes dont s'est servi le testateur. Les *verba civilia* disparaissent complétement des legs. « Ex constitutio-
» nibus divorum principum solemnitas hujus modi
» verborum penitus sublata est (2). »

Justinien apporta un changement plus considérable : il effaça toute distinction dans les legs : « Ut omnibus legatis una sit natura. » Non-seulement il améliora la position des légataires en faisant disparaître jusqu'aux dernières traces de ces causes de caducité que l'ancien droit avait multipliées dans sa rigueur, mais encore en leur accordant contre l'héritier l'exercice de trois actions pour obtenir la délivrance de leurs legs. « Non
» solum per actiones personales, sed etiam per in rem
» et per hypothecariam. » Il est certain qu'en beaucoup de circonstances les légataires ne pourront profiter, du moins en entier, de l'innovation de l'empereur. Comment comprendre que le légataire puisse agir par l'action en revendication contre l'héritier qui serait engagé vis à vis de lui par une obligation de faire ou qui serait obligé de lui procurer la propriété de la chose d'autrui. La revendication ne peut s'exercer évidemment que contre la personne qui possède l'objet réclamé. Toutefois il y aurait, je crois, un moyen d'expliquer la pensée contenue dans cette disposition de

(1) Sous le règne de Néron, an 64 de Jésus-Christ, Gaius com. 2, 218.
(2) Inst. de Just. 2, 20.

Justinien. L'empereur peut avoir voulu dire que le
légataire aurait le droit d'agir par l'action personnelle
pour contraindre l'héritier à acquérir ou à faire et qu'a-
lors, lorsque l'objet serait dans son domaine, ou les
travaux accomplis, il pourrait exercer la revendication.

Papinien nous dit que les légataires pouvaient demander la séparation des patrimoines. « Legatarios in eâ
» tantum parte quæ de bonis servari potuit habere
» pignoris causam convenit (1). »

Justinien leur accorde une hypothèque sur les biens
de la succession. Par ce moyen, ils enlevaient la masse
héréditaire aux poursuites des créanciers personnels de
l'héritier et se faisaient payer leurs legs sur les biens
que les dettes du défunt n'avaient pas absorbés.

En même temps qu'il crée en leur faveur cette action,
il en limite l'étendue. « In tantum et hypothecaria,
» unumquemque conveniri volumus, in quantum per-
» sonalis actio, adversus eum competit. »

Cette hypothèque tacite que les légataires ont sur
les biens héréditaires leur est donnée par la loi elle-
même. Elle n'est pas née du consentement du testateur,
mais elle est acceptée par l'héritier avec les charges de
la succession, dans son quasi-contrat d'adition. Supposons deux héritiers et un legs de 20,000 francs. A la
mort de *de cujus* ce legs s'est divisé en deux créances
de 10,000 francs chacune dont les héritiers sont devenus
débiteurs au jour de l'acceptation. Chacun d'eux est
tenu personnellement de payer 10,000 francs. L'action

(1) Dig. de separationibus 42, 6.

hypothécaire à laquelle ils sont exposés ne peut dépasser la créance qu'elle est destinée à garantir.

Si nous prévoyons le cas où un partage a fait tomber tous les immeubles héréditaires dans le lot de l'un des héritiers, la règle posée par Justinien s'exécutera également, quoique l'action hypothécaire dirigée contre le propriétaire des immeubles, s'exerce pour la somme entière. Le partage, en effet, ne peut dans aucune circonstance nuire aux droits du légataire. Le débiteur du legs n'est pas précisément tel ou tel héritier mais bien la succession sur laquelle le légataire peut diriger sa demande en paiement, qui ne tombera que devant les créanciers absorbant pour l'acquittement de leurs créances la totalité des biens laissés par le *de cujus*.

Dans l'hypothèse que nous venons de présenter, l'héritier poursuivi, réunit deux qualités : celle d'héritier et celle de tiers détenteur. C'est pour ce motif que l'action hypothécaire sera exercée contre lui pour le tout.

3° *Vis-à-vis des tiers détenteurs et des cohéritiers.*

Les biens héréditaires peuvent avoir été usurpés par des tiers. Poursuivis par l'héritier, ils répondront qu'ils possèdent ou *pro herede*, ou *pro possessore*, ou *pro donato*, ou *pro legato*, ou *pro empto*, etc. Celui-ci agira contre eux de diverses manières suivant les prétentions de ses adversaires. Investi de la succession, il exercera contre eux la revendication par la *petitio hereditatis* toutes les fois qu'ils prétendront posséder *pro possessore* ou *pro herede*. « Regulariter definiendum est, dit Ulpien, cum demùm teneri petitione hereditatis qui vel jus, pro herede vel pro possessore possidet, vel rem heredita- riam (1). »

Si au contraire ils se disent donataires ou acheteurs, il devra avoir recours à d'autres actions, suivant la di- versité des allégations qui lui seront oposées. La *petitio hereditatis* ne tombe que devant la prescription trente- naire (2). « Quamvis usque adhuc incertum erat, sive inter bonæ fidei judicia connumeranda sit hereditatis pe- titio, sive non, nostra tamen constitutio aperto eam esse bonæ fidei disposuit (3).

Aussitôt que les héritiers ont fait l'adition, le droit de sortir de l'indivision est né en leur faveur. Dans le cas où des difficultés se produiraient, ils ont l'action *familiæ erciscundæ* pour provoquer le partage. Le juge saisi de la demande, attribue alors à chacun le lot auquel il a droit.

La prescription ne court pas pendant l'indivision. Mais la position de l'héritier qui s'est mis en possession d'une partie des biens devient inattaquable au bout de trente ans (4).

(1) De hered. petit. Dig. 8, 5.
(2) Dig. 8, 5 Code 3, 31.
(3) Inst. de Just. IV, 28 in fine de action.
(4) Dig. 10. 2 familiæ erciscundæ. — Code 3, 50 familiæ erciscundæ, et 58, communia utriusque, etc.

De la Factio testamenti. Des lois Julia et Papia Poppœa. Du droit d'accroissement

On dit qu'une personne a faction de testament lorsqu'elle se trouve dans une position telle qu'elle peut recueillir les successions qui s'ouvrent en sa faveur. Les commentateurs ont divisé la faction de testament en active et en passive. La première est le droit de disposer, la seconde le droit de recevoir. Nous n'avons à nous occuper ici que de la faction passive.

On remarque trois époques où cette faction est exigée. 1° Le moment de la confection du testament : On se rappelle les formalités du testament *per æs et libram*. L'héritier à remplacé l'ancien *emptor familiæ*. 2° L'époque du décès, si l'institution est pure et simple ou de l'avènement de la condition dans le cas contraire. 3° Le jour de l'adition. Nous avons deux intervalles de temps à considérer. D'abord celui qui s'écoule de la confection à la mort L'héritier, qui au moment de la *confectio* jouit de la plénitude de ses droits, peut ensuite perdre la *factio testamenti* sans être cependant dépouillé irrévocablement des avantages dont il a été gratifié, pourvu qu'il recouvre sa capacité du vivant de l'instituant. « Mutatio juris non nocet heredis. »

Dans le second, au contraire, il faut que la *factio* ait toujours existé. Ducaurroy combat l'opinion de Vinnius qui veut que dans le cas même d'institution conditionnelle, la *factio* existe au décès du *de cujus*. Cette

dernière opinion n'est-elle pas préférable? Un droit ne
s'est-il pas ouvert en faveur de l'héritier? Il n'y aura
plus désormais que l'accomplissement ou l'inaccomplis-
sement de la condition, suivant les circonstances, qui
pourront le lui enlever.

Entre le jour du décès et celui de l'adition, il s'écoule
un intervalle de temps pendant lequel les biens héréditaires restent sans maître. Les Sabiniens comblaient
ce temps de vacance par la rétroactivité de l'acceptation.
Dès lors, il fallait que la *factio testamenti* existât avec
l'héritier pour que l'institution faite au profit de l'esclave héréditaire fût valable. « Heres quandoque ado-
» undo hereditatem jam tunc à morte successisse de-
» functo intelligetur (1). »

Les Proculéiens, au contraire, prétendaient que l'héritier n'acquérait que du jour de l'adition. Ils prolon-
geaient fictivement jusqu'à cette époque l'existence du
de cujus : hereditas sustinet personam defuncti. Quoiqu'un long intervalle se soit écoulé entre le jour du
décès et celui de l'adition tous les fruits et revenus qui
sont échus pendant ce temps, appartiennent à l'héritier
comme s'il avait accepté au moment même où mourait
le *de cujus.* « Fructus omnes augent hereditatem sive
» ante aditam, sive post aditam hereditatem accesse-
» rint (2). » La *factio testamenti* dans cette opinion
devait exister avec le défunt (3).

L'héritier externe restait complétement étranger à la
masse héréditaire tant qu'il n'avait pas manifesté son

(1) Dig. 20, 9, de acquir. vel omitt. her.
(2) Dig. 8, 3.
(3) Just. de herod. instit. 2, 14, institut. de stip. serv. 3, 17.

intention d'accepter. Aussi, dans la rigueur des premiers principes, son droit mourait avec lui s'il n'avait
pas fait avant son décès cette déclaration. Bientôt on
s'efforça de remédier à cette disposition sévère. Aussi
voyons-nous les jurisconsultes déclarer déchu celui-là
seul qui ayant connaissance de l'ouverture de la succession à laquelle il était appelé, et pouvant faire adition,
ne l'avait pas faite. Sous Justinien l'héritier externe
transmettra avec son hérédité, son droit à l'acceptation,
s'il meurt dans l'année de l'ouverture (1).

A côté de cette *factio testamenti* exigée pour pouvoir
recueillir les libéralités testamentaires, les lois Julia
et Papia Poppœa créent le *jus capiendi* et quoique cette
législation n'existe plus sous Justinien, elle offre un
trop grand intérêt historique pour que nous puissions
la passer sous silence.

Dans les derniers jours de la République, la famille
romaine disparut au milieu de la corruption des mœurs.
Les affranchis remplacèrent les citoyens de l'ancienne
Rome et la société entière se livra à la débauche la
plus complète. Le mariage ne fut plus qu'un honteux
libertinage. Une passion d'un jour unissait deux époux
par les liens des *justœ nuptiœ* et le lendemain le divorce
venait les rendre étrangers l'un à l'autre.

Auguste voulut arrêter cette dépravation, et soit pour
augmenter les ressources du fisc, soit pour mettre un
frein à ces désordres, il fit promulguer ces lois (2).
Sous l'empire de ces lois les uns seront entièrement

(1) Cod. de jur. deliberandi 6, 30.
(2) Ut si a privilegiis parentum cessaretur, velut parens omnium popu-
lus vacantia teneret, Tacite, ann. 3, § 28. — Gaius, 2, 280.

dépouillés, les autres privés seulement d'une certaine portion, et ceux qui rempliront les vœux du législateur récompensés.

Pendant que les *cœlibes* verront s'évanouir les libéralités dont ils ont été gratifiés, les *patres* verront s'augmenter, de ces déchéances, leurs parts héréditaires. Il ne suffira pas d'avoir été marié pour éviter les peines édictées par les nouvelles lois. Il faudra l'être au moment de l'acquisition. Celui auquel la mort aura ravi sa femme ou qui aura divorcé devra contracter un nouveau mariage, ou placé dans la classe des *cœlibes* il perdra le bénéfice de l'hérédité à laquelle il serait appelé pendant son veuvage. À côté des *cœlibes* nous trouvons sous la désignation d'*orbi* les hommes mariés, mais sans enfants légitimes. Ils subissaient une réduction de moitié si, à l'ouverture des tables ou dans les cent jours qui suivaient, ils ne remplissaient pas les conditions de la loi pour jouir de la plénitude du *jus capiendi*.

Sous le nom de *personnæ exceptæ*, les impubères trouvaient dans leur âge un abri contre ces dispositions; certains parents dans l'alliance ou la cognation. Les ascendants et descendants jouissaient du *jus antiquum* et recueillaient, sans condition, jusqu'au troisième degré, les libéralités qui leur étaient faites. D'autres déchéances écrites dans d'autres lois venaient encore frapper certaines personnes. Les femmes par la loi Voconia (1); les Latins juniens par la loi *Julia Norbana*.

Comme les personnes, nous voyons les dispositons

---

(1) G. com. 2, 284.

testamentaires divisées en classes. On appelait *pro non scriptis* celles qui étaient nulles dès le principe, *caduca* celles qui étaient directement atteintes par les lois caducaires, *in causâ caduci* celles qui valables à l'origine, étaient annulées par le droit civil. Comme les secondes elles étaient régies par les lois nouvelles. Les premières, au contraire, étaient soumises aux anciennes règles du droit d'accroissement. Ces lois ne tardèrent pas à recevoir de nombreuses modifications. Nous les voyons changées dans le but de leurs dispositions avec Caracalla, presque entièrement abolies par Constantin, arriver à Justinien qui n'eut qu'à remettre la *diei cessio* à la mort du *de cujus* pour en faire totalement disparaître les dernières traces.

Un individu meurt laissant plusieurs héritiers. Les uns acceptent, les autres renoncent. Que vont devenir les parts des défaillants? Vont-elles rester vacantes? Les créanciers héréditaires auront-ils le droit de s'en emparer? Les acceptants pourront-ils refuser et s'en tenir à un tiers ou à un quart suivant qu'ils étaient trois o u quatre appelés? Chacun des héritiers a une vocation à la totalité de la succession. S'ils partagent c'est à cause du concours « concursu partes fiunt ». Si pour une cause quelconque quelques-uns d'eux ne recueillent pas, la part des acceptants s'augmente. « Tacite ei deficientium partes etiam invito adcrescunt ». L'accroissement ne s'opère pas toujours de la même manière. Ainsi il peut arriver qu'un acceptant ne voit pas augmenter sa portion alors qu'un de ses cohéritiers répudie ou est incapable de recueillir. Plusieurs héritiers en effet peuvent se trouver liés par le testateur dans une seule et même disposition. Ainsi : *primus* soyez mon héritier de la moitié de mon héritage, *secundus* et *tertius* soyez héritiers de l'autre. Que *tertius* recueille ou ne recueille pas, la portion de *primus* ne changera pas. Dans le cas de défaillance *secundus* profitera. On distinguait les « conjuncti re, re et verbis, verbis tantum (1) ». Si après la mort de l'un de ses cohéritiers qui avaient déjà accepté l'un des héritiers renonçait, sa portion allait se réunir à la portion du défunt. *Portio portioni adcrescit* (2). L'accroissement cessait d'être forcé lorsque postérieurement à l'acceptation un des héritiers se faisait restituer, ou qu'un héritier sien s'abstenait (3).

Des Successions des militaires.

Les successions, nous venons de le voir, doivent être acceptées ou répudiées en entier. L'héritier n'a pas le droit de choisir une partie de l'hérédité et de rejeter l'autre. Il ne peut même pas s'en tenir à la part qui lui était primitivement assignée. L'accroissement est une conséquence forcée de sa vocation *in universum jus*. On ne peut instituer un héritier pour un temps déterminé, de telle sorte que l'héritier *ab intestat* voit renaître son droit momentanément éteint par le testament, à l'expi-

---

(1) Fr. 132, Paul (50, 17). Digesto, de diversis regulis juris (re et verbis). — Fr. 142 (50, 17). Paul, fr. 15 (28, 5), de hered. instit. (28, 5), (re tantum conjuncti). — Fr. 60, de hered. instit. (28, 5), conjuncti verbis tantum.

(2) Dig. 35, 1.

(3) Dig. macor. 20, 2. Mais si la restitution en entier ou l'abstention étaient connues dar l'héritier au jour de l'adition, l'accroissement aura lieu *invito et ipso jure.* Fr. 28. Ulp. de acquir. vel omitt. her. 10, 2. Dig. voir également Marcien, fr. 55. Dig. 10, 2 de acquir vel omit. hered.

ration du délai fixé. « Qui semel heres fuit, non potest
desinere esse heres. » Les héritiers du sang ne peuvent
réclamer les biens dont le testateur n'a pas disposé. Ils
appartiennent à l'institué. « Nemo partim testatus partim
intestatus decedere potest. »

Les craintes qu'inspiraient les militaires aux empereurs
obligèrent ces derniers à faire fléchir, en leur faveur, les
lois de l'ancienne Rome. Les constitutions leur permirent
de laisser plusieurs testaments, de donner une partie
de leur fortune à des héritiers choisis et désignés par
eux, pendant que le surplus allait aux héritiers légitimes.
« Quasi duorum hominum duas successiones ». Gaius
nous apprend (1) que les Latins, les Pérégrins, les Céli-
bataires, les Orbi qui étaient frappés de l'incapacité de
recueillir les successions ou les legs qui leur étaient
déférés, pouvaient les accepter comme héritiers d'un
militaire. Les formalité de droit commun, si rigoureusement exigées, ne sont pas nécessaires pour la validité
d'un testament militaire. Celui qui se prétend héritier,
n'a qu'à prouver qu'il a été réellement désigné pour
succéder. En un mot, la volonté du militaire clairement
manifestée suffit pour assurer l'exécution du testament.

Des possessions de biens.

Par la création des possessions de biens, le préteur
vint en aide à certaines personnes frappées de l'incapacité de recueillir par les dispositions trop rigoureuses

(1) Gaius, Comm. 2, 110, 111.

4

du droit civil. L'ancienne loi romaine reste debout malgré les innovations prétoriennes. On n'ose pas abroger directement ses prescriptions les plus sévères. Le préteur appelle dans son édit des personnes injustement dépouillées, à la possession de biens,. leur accorde des avantages attachés à la qualité d'héritier et n'ose cependant la leur conférer. « Ili quibus ex successorio edicto bonorum possessio datur, heredes quidem non sunt ; sed heredis loco constituuntur, beneficio prœtoris. Ideo que, seu ipsi agant, seu cum his agatur, fictitiis actionibus opus est, in quibus heredes esse finguntur » (1).

Grâce à l'édit prétorien, les enfants omis dans le testament du père de famille, le fils ou le petit-fils exhérédé *inter cæteros*, pourront venir réclamer une part de cette hérédité à laquelle le droit civil les rendait étrangers ; les enfants émancipés pourront concourir avec les héritiers siens ; l'institution du *postumus alienus* « quamvis hereditatem jure civili adire non poterat » sera valable. Les personnes en tutelle ou en curatelle devaient accepter elles-mêmes les successions qui leur étaient déférées. Leurs représentants ne pouvaient les suppléer. Ils ont au contraire le droit de demander en leur nom la possession de biens. Le mandat de faire adition était nul. Il est au contraire valable pour l'obtention de la possession de biens (2).

(1) De bonor. possess, Dig. 57, 1.
(2) Dig. de bonar. possess. (37, 1) D. de acq., vel omit. hered., (29, 2).

ANCIEN DROIT FRANÇAIS

DE LA SAISINE HÉRÉDITAIRE

A Rome, nous avons vu le père de famille maître de choisir son héritier parmi les personnes soumises à sa puissance ; et dans la rigueur du droit primitif, cette volonté venait frapper invinciblement celui qui était désigné pour l'exécuter. « *Uuti legassit super...* » La République romaine a disparu sous le flot de barbares qui l'a envahie, et sur ses ruines nous allons nous trouver en présence de nouvelles mœurs et de nouvelles lois. Nous allons voir une liberté entière proclamée pour tous les héritiers. Le père ne léguera pas sa succession à ses enfants : elle leur appartenait déjà ; de leur vivant ils étaient copropriétaires.

A Rome, nous avons vu tous les enfants réunis sous les ordres du *pater familias* par des liens civils. Les fils sont assimilés à l'esclave. D'un mot, ils peuvent être chassés du domicile paternel ou transportés dans une autre famille, pendant qu'un étranger acquerra les droits de succession qui viennent de leur être ravis. Ici, au contraire, tous les parents sont unis les uns aux

autres par les liens du sang. Les enfants sont co-proprié-
taires des biens de leur père, qui leur reviennent de
droit à sa mort.

Si au décès du père de famille, à Rome, il existait des
personnes soumises à son autorité, l'hérédité qu'il laissait s'imposait à elles, et malgré leur volonté formelle de
la répudier, elles devaient supporter les charges quelque
onéreuses qu'elles pussent être. Si tous ses héritiers se
trouvaient affranchis de sa puissance, sa succession restait vacante jusqu'au jour de l'acceptation. Si l'héritier
à qui elle était déférée mourait avant d'avoir fait l'adition, il ne léguait à ses propres successibles aucun droit
sur ces biens qu'il n'avait pas eu le temps de recueillir.

Ici, au contraire, nous n'allons trouver qu'une classe
d'héritiers, propriétaires et possesseurs au jour du décès,
saisis de l'hérédité par la loi elle-même, mais entièrement libres de l'accepter ou de la rejeter. « Le mort
saisit le vif » et cette maxime qui nous montre si clairement la saisine en action, est tempérée par cette autre :
« Il n'est héritier qui ne veut ». Si la mort vient les
frapper avant la manifestation de leur volonté, leurs
héritiers trouveront dans leur succession le droit d'option
qu'ils n'ont pas exercé.

A Rome, on considère comme un déshonneur la mort
ab intestat, et le citoyen s'efforce d'assurer à la loi
qu'il écrit dans son testament, un exécuteur qui ne
puisse se soustraire à ses ordres. Ici, au contraire, le
père de famille ne dispose pas de ses biens. A son décès
ils vont naturellement à ses enfants. « Si tost come oirs
est nés, li droit du père et de la mère li soit descen-

dus. (1) » Plus tard la confection d'un testament sera regardée comme un excès de puissance. « Dieu seul peut faire un héritier. »

Née chez les Germains, la saisine va se développer en face du Droit romain, disparaître presque complétement sous l'oppression féodale et triompher enfin grâce aux efforts des jurisconsultes du moyen-âge, interprètes fidèles de la société qui les entourait et demandait l'abolition de ce « droit odieux » qu'elle devait détruire. Nous pouvons la définir; La mise en exercice instantanée d'une propriété et d'une possession, qui devait être interrompue par la mort de la personne qui en jouissait, mais que par un bénéfice accordé à l'héritier, la loi continue en sa faveur, sans exiger aucune intervention de sa part.

Si nous lisons les admirables pages que Tacite nous a laissées sur les mœurs des Germains, nous voyons ces peuples divisés en tribus nomades, recherchant avec passion la guerre qui leur donne du butin. Pas de pouvoir assez fort pour arrêter les querelles incessantes, implacables au milieu desquelles ils écoulent leur existence. A chaque instant de nouvelles causes d'inimitié surgissent, et les guerres privées, un moment ralenties, se rallument de nouveau.

Tous les membres de la famille sont réunis autour d'un chef. Ils possèdent en commun les terres sur lesquelles ils sont établis. Ils ont une propriété collective dont ils partagent les fruits proportionnellement à leur part. Unis par les liens du sang dans une même famille,

(1) Beaumanoir, C. XX, § 8,

ils le sont encore devant toute agression par le droit
indivis qu'ils ont sur l'ensemble du domaine qui appartient à tous. Il y a solidarité entre eux parce qu'il y a
copropriété.

Dans ces époques de violence, où aucune autorité
n'était assez puissante pour garantir les personnes ou les
propriétés des abus de la force, la réunion des parents
en famille était le seul moyen à employer pour se préserver des attaques dont un individu isolé eût été infail-
liblement victime.

Si un parent reçoit un outrage, une offense, toute la
famille épouse la querelle et demande satisfaction à la
famille du coupable (1). Au commencement c'était les
armes à la main, que la réparation était exigée. Mais
bientôt ces mœurs s'adoucissent. Un tribut en argent
ou en troupeau est donné pour effacer l'insulte ou réparer le dommage (2), et tous les parents reçoivent la
composition (le Wergeld). « *Et recipit satisfactionem
universa domus* ». Cette composition, de facultative ne
tarda pas à devenir obligatoire, et le pouvoir chargé de
l'imposer en reçut une partie comme prix de son intervention (3).

Comme chez tous les peuples, à l'origine, nous voyons
chez les Germains les mutations de propriété s'opérer
au milieu de cérémonies symboliques destinées à porter

(1) Suscipere tam inimicitias seu patris, seu propinqui quam amicitias
necesse est. Tacite. (Germ. C. 21).

(2) Sed et levioribus delictis pro modo pœna: equorum pecorumque
numero convicti mulctantur. (Tacito, Germ. C. 12.) Luitur enim etiam
homicidium certo armentorum ac pecorum numero (C. 21).

(3) Pars mulctæ regi vel civitati, pars ipsi qui vindicatur vel propin-
quis ejus ex solvitur. (Tacito, Germ. C. 12.)

à la connaissance de tous, la tradition effectuée. « *De adhramire* ou *de affatomie*, loi salique » per pilum, per cespitem, per ramum, per festucam, per virgam, per baculum, per fustem, per surculum.

Mais quand la mort venait frapper le père de famille, aucune nécessité d'accomplir les formalités symboliques n'existait plus, puisque les biens ne sortaient pas de la famille. Rien n'était changé au point de vue de la propriété. Une personne s'était éteinte, mais nul n'ignorait à qui appartenaient désormais les biens qu'elle avait laissés. Le testament était entièrement inconnu des Germains. Les parents seuls avaient des droit de succession réglés par leurs degrés respectifs. Le parent le plus proche est investi, dès l'instant du décès, de la succession. Il continue la personne du défunt, acquiert ses droits et ses actions. La propriété, la possession, lui sont immédiatement transférées.

L'usurpateur d'un bien héréditaire se verra frappé par les actions possessoires, aussi efficaces dans la main de l'hériter qu'elles l'étaient naguère dans celle du *de cujus*.

La famille devait être représentée par son chef, devait être défendue par lui. Le pouvoir dont il était investi, est connu sous le nom de *mundium*. « Potestas in alterius personam, vel res mundium id est protectio vocabatur. » C'est le nunduoald qui reçoit les compositions dues pour l'outrage fait à l'une des personnes soumises à son autorité. Dans ces temps, où toutes les passions se déchaînaient sans entraves, la saisine ne pouvait appartenir qu'à celui-là seul qui était capable de la conserver. Le parent, qui pouvait préserver le mineur des

agressions auxquelles la faiblesse de son âge l'eût sans
sans cesse exposé, avait la saisine des biens qui lui
étaient légués. Souvent il arrivait que le protecteur
profitait de sa situation pour se rendre propriétaire
définitif de ces biens qu'il était chargé de mettre à l'abri
de toute usurpation. Le chef de famille lui-même perdait
la saisine le jour où ses forces paralysées par la vieillesse
n'étaient plus suffisantes (1).

Après la conquête, nous allons retrouver ces peuples
établis dans ces contrées naguère soumises à l'empire
romain. Les terres ont été partagées entre les conqué-
rants. Les querelles qui ensanglantaient la Germanie se
rallument plus violentes sur les débris de l'ancienne
république dont tous se disputent les lambeaux. Les
faibles cherchent à s'assurer le secours des puissants.
Bientôt la nation entière se divise en vassaux et suze-
rains. Comme les personnes, les terres sont libres ou
soumises. Sur l'alleu ne pèse aucune domination.
« Tenir en franc aleu est tenir de Dieu tant seulement ;
fors quant à la justice (2). » Pour ces sortes de domaines, la saisine germaine s'exerce dans toute son étendue.
L'héritier de l'alleu continue sans interruption la personne du *de cujus*. Les fiefs, au contraire, sont d'abord
concédés temporairement, à la mort du vassal, le
seigneur les reprend. Pour ces biens pas de saisine en
faveur de l'héritier du vassal défunt, puisqu'ils doivent
par l'effet du contrat féodal revenir au propriétaire
concesseur ou qui prétend l'être. « *Item* par la coutume

(1) L. sal. comm. par M. Pardessus, p. 457.
(2) Inst. cout. de Loisel, liv. II, t. I, § 19.

des fiefs, sitôt comme un vassal est mort, le seigneur peut assigner son fief (1) » « A plus proprement parler l'on peut dire que par la mort du vassal, le fief chet et gist en telle manière qu'il ne peut être possédé ni par le seigneur, ni par l'héritier *fors* quand il est relevé par le seigneur direct (2).

De temporaires, les fiefs deviennent héréditaires. Dans la période féodale, nous voyons entre le vassal possesseur précaire ou propriétaire spolié, s'accomplir une lutte dont les phases sont parfaitement marquées. Dans la première, le seigneur concède à ses vassaux des terres qui lui appartiennent ou dont il s'est emparé, et soumet aux mêmes conditions les terres envahies et les teres concédées. A l'apogée de sa puissance, il déclare qu'il n'existe pas de terres sans seigneur. Sur toutes il veut avoir le domaine direct. Le premier succès remporté par le vassal désireux de s'affranchir de cette sujétion est l'obtention de l'hérédité. Ses descendants hériteront de son domaine, mais par une fiction légale, à son décès, il reviendra comme par le passé au seigneur qui en aura la saisine. « Si c'est un fief noble, saisine de droit, ne autre, n'est acquise sans foi; car le seigneur direct est avant saisi que l'héritier : mais par faire hommage et par relief le seigneur direct doit saisir l'héritier (3).

Appliquer la saisine à ces terres primitivement concédées ou usurpées par les seigneurs, fut la dernière phase de cette lutte. La proclamation de la maxime « Le mort saisit le vif » étendit la saisine à des biens

(1) Art. 7, anc. st. du Châtelet.
(2) Livre II, XXI.
(3) Auteur du grand coutumier, liv. II, chap. 21.

qui jusque-là y avaient échappé. « Si aucun ne li empêche sesine, il ne li est pas mestier que il en face
demande, car il peut entrer en la chose dont drois ou
coustume li donne la sesine sans parler à seigneur (1). »
Ce ne fut pas sans de nombreux efforts que les jurisconsultes parvinrent à introduire universellement la
maxime. Jean Desmares qui écrivait au XIVᵉ siècle,
disait : « Item mort saisit son hoir vif combien que
particulièrement il y ait coutume locale ou il faut
nécessairement saisine du seigneur (décision 234). »

La copropriété et la solidarité familiale des Germains
ont donné naissance à la saisine héréditaire. Dans la
période féodale elle ne s'exerce que sur les Alleux. Les
terres sujettes en sont privées par le despotisme des
seigneurs. « Mais comme ce droit était odieux, on intro-
duisit que toute personne décédée, serait réputée avoir
mis en mourant la possession de ses biens entre les
mains de son plus proche parent habile à lui succéder (2).

La solidarité germaine disparût avec les guerres privées, mais la copropriété existe toujours entre les
membres d'une même famille. Si une personne vend
un bien patrimonial, son parent, quel que soit le degré
qui l'unit au vendeur, peut le revendiquer moyennant
la restitution du prix de vente à l'acheteur.

Ce droit de retraire, que les jurisconsultes appellent
jus conservatorium in familiâ, est accordé à tout parent
pourvu qu'il soit du côté et ligne. Gerardus Niger écrivait : *Alienatio feudi paterni non valet etiam domini*

---

(1) Beaumanoir, cout. de Beauvoisis, c., 6.
(2) Inst. cout. de Loisel, note de Laurière, 2, V, § 1.

voluntate, nisi agnatis consentientibus ad quos benefi-cium sit reversurum. « Qui veut rescorre héritage, il doit prover deux coses, se cil veut qui l'héritage aceta : l'une, si est qu'il est du lignage a celi qui le vendi ; le second, si est que li heritage muet du costé dont il appartient au vendeur (1). »

Le pouvoir du testateur est limité. Il ne peut dispo-ser que de la cinquième partie des propres (Paris 292, Orléans 252). « Toutes personnes peuvent tester de leurs biens meubles acquêts, et de la cinquième partie de tous leurs propres et non plus avant. »

Ces dispositions restrictives qui frappaient de nul-lité les aliénations gratuites qui excédaient la quotité dis-ponible, en faveur de la famille ne s'appliquaient qu'aux libéralités testamentaires. Les donations entre-vifs en étaient affranchies. « Quoniam facilius relinquimus morientes quam alienamus viventes (2). »

Quels sont les héritiers saisis.

« La mort saisit le vif, son héritier plus prochain habile à lui succéder, dit la coutume de Paris 318,

---

(1) Cout. de Beauvoisis. Beaumanoir, c. 44, alinéas 7 et 10. — Car il ne convient pas c'on soit marceans por autrui, s'on ne pot dire : Je suis plus prochain.

(2) Cujacius, ad tit. VII. Cod. de lege Fusia Caninia.

Orléans 301 » (1). Doit-on, s'appuyant sur cette disposition si expresse dans ses termes, reconnaître que la
saisine n'appartient qu'à l'héritier du premier degré, ou
sans tenir compte de ce texte, admettre avec certains
auteurs qu'elle appartient collectivement à toute la parenté.

A la mort du *de cujus*, par le seul effet de la loi, la
succession passe immédiatement sur la tête du plus
proche, alors même que celui-ci ignore l'événement
qui vient de réunir, grâce au bénéfice légal, le patrimoine du défunt à son propre patrimoine. Quelle est
alors la position des parents du degré subséquent. Quels
droits leur parenté avec le *de cujus* leur donne-t-elle
sur son hérédité ? Primés par l'héritier saisi, ils peuvent espérer que, par une cause quelconque, la succession leur arrivera, mais ils n'ont en définitive aucune
espèce de droit. Ils ont tout au plus une espérance.
Assurément cette espérance n'est pas la saisine. Cette
saisine qui repose sur la tête de celui qui les précède
en degré n'est pas en effet irrévocablement fixée, et
tant que l'héritier investi par la loi n'a pas manifesté sa
volonté de l'accepter, ils conservent l'espoir de jouir à
leur tour de cette saisine abandonnée. L'héritier peut
renoncer, et alors il devient aussi étranger à cette hérédité dont naguère il était investi que si jamais elle ne
lui eût appartenu. Alors, le parent du degré subséquent

---

(1) Hæc est generalis Franciæ consuetudo, est mortuus saisiat vivum.
Tiraqueau. Déclar. 2, part. 1, sur la règle : le mort saisit le vif. (Anjou,
262; Maine, 237,239 ; Vitry, 71 ; Châlons, 78; Noyon, 1 ; St-Quentin,
54; Richemond, 56; Bretagne, 235; Reims (XVe siècle), 217 ;(XVIe
siècle), 507, etc.

devenant le plus proche, remplace celui dont le droit
primait le sien au jour du décès, mais dont l'ouverture
a été rétroactivement effacée. Il est saisi absolument
comme si celui qui le précédait avait cessé d'exister
avant le *de cujus*.

Si le parent du degré plus éloigné s'empare de la
succession, nous ne pouvons voir en lui, vis-à-vis de
celui qui touchait le plus près au défunt, qu'un usurpateur de bonne ou de mauvaise foi, suivant les circonstances, mais jamais un héritier saisi. Denizart : « Si
dans la suite un parent plus proche se présente, il réclamera la succession contre le parent éloigné qui s'es
porté héritier. Ce dernier sera tenu de lui rendre tous
les biens héréditaires qui sont encore en sa possession,
sur ce que entre eux et respective c'est le plus proche
qui a été saisi par la loi » (1).

Vis-à-vis des tiers, au contraire, il n'aura qu'à prouver sa parenté. « Agenti pro rebus hereditariis, sufficit
» probare se esse in gradu succedendi nec necesse
» habet probare alium non esse propinquiorem » (2).
Quel intérêt les étrangers auraient-ils à contester son
droit ? En vertu de quel motif l'empêcheraient-ils de
recueillir la succession qu'il réclame et pourraient-ils
l'obliger à leur prouver préalablement qu'il n'existe pas
de parent plus proche que lui ? Et cependant il n'est pas
saisi, car si l'héritier qui le prime se présente, cette
saisine, toute d'apparence, tombera devant la réclamation
de celui à qui appartient le bénéfice légal depuis l'ouver-

---

(1) Denizart, vo hérit., § 2, n° 16.
(2) D'Argentré, sur la coutume de Bretagne, art. 611. Glose 5, n° 6.

ture de la succession, malgré le silence qu'il a gardé dans les jours qui se sont écoulés depuis.

La saisine n'est collective qu'entre cohéritiers. Ici tous ayant une vocation au tout, sont saisis de l'universalité de l'hérédité. La saisine appartient à chacun d'eux en entier. Leur concours amènera la division de la masse « concursu partes fiunt », mais la défaillance de quelques-uns d'entre eux mettra dans les mains de ceux qui recueilleront les parts délaissées.

« Les Français, comme gens de guerre, ont reçu divers patrimoines, et plusieurs héritiers d'une même personne » (1). On distinguait les biens en propres paternels, propres maternels, acquêts et meubles. Plusieurs héritiers se présentant à une succession composée de biens de classes différentes, les uns appartenant à la ligne paternelle, les autres à la ligne maternelle, l'accroissement subissait une modification basée sur la diversité d'origine des appelés. « Duorum hominum, duæ » hæreditates intelliguntur. »

La renonciation du parent maternel ne venait pas augmenter la portion héréditaire du parent paternel qui avait accepté.

Les pays régis par les coutumes n'ayant pas subi l'influence du droit romain, ne reconnaissaient pas au testateur le droit de faire un héritier. Nous avons vu les Germains ignorant complètement l'usage des testaments. Les droits de succession n'avaient d'autres bases que la parenté. Glanville disait : « Solus Deus heredem facere » potest, non homo. » L'héritier testamentaire n'avait

---

(1) Loisel, liv. II, t. V, § 12, inst. cout.

pas la saisine des biens qui lui étaient légués. « Legatarii
» loco habetur. » Il devait demander la délivrance à
l'héritier du sang auquel la loi donnait la saisine. Dans
les pays de droit écrit, au contraire, l'héritier testamentaire était saisi de plein droit. La volonté du testateur
recevait sa pleine exécution. « Dicat testator et erit lex.»
« La cause d'intestat avait lieu seulement si la cause de
tester cessait (1).

Les enfants avaient-ils la saisine de la légitime ? Nous
avons ici à faire la même distinction entre les pays de
droit écrit et les pays de coutume pour répondre à cette
question. Dans les premiers, le légitimaire n'exerçait
pas un droit de succession en réclamant sa légitime.
C'était un droit qu'il tenait de la loi elle-même, en sa
qualité de parent, sur une part des biens que le testateur
ne pouvait lui enlever, et qui ne disparaissait pas devant
sa renonciation. « Legitima pars est bonorum non here-
» ditatis. » Le légitimaire n'était pas saisi. « L'hérédité
saisit et la légitime ne saisit pas » (2).

Dans les provinces coutumières, nous venons de voir
que l'institution ne faisait qu'un légataire, et que les
héritiers du sang avaient la saisine des biens malgré la
disposition testamentaire. Le testateur ne pouvait pas
enlever aux parents leur titre d'héritier qu'ils tenaient
de la loi. Les légitimaires étaient saisis de plein droit.
La légitime était la succession *ab intestat*, elle-même
déclarée indisponible. Pour la réclamer il fallait néces-

(1) Chopin, t. 1, page 35.
(2) Guillaume de la Champagne, traité de la légitime, chap. XXV ;
Roussilhe, inst. au droit de légitime, chap. 1er, § 1.

sairement accepter. « Apud nos non legitimam habet
» nisi qui heres est » (1).

Dans les provinces coutumières nous trouvons à côté
de la légitime la réserve qu'il ne faut pas confondre
avec elle, et qui appartenait à tous les parents de l'estoc
et ligne, d'où les propres étaient provenus. « Aucuns
ont estimé,..... Mais je crois qu'ils s'abusent,..... Guy
Coquille. « Quest et rép. ». Elle se composait de quatre
quints des propres ; elle ne pouvait être entamée par des
libéralités testamentaires. « Paris, 292, Orléans. »

Les exécuteurs testamentaires étaient saisis des biens
meubles du testateur « par an et jour pour l'accomplissement de son testament, paiement des legs mobiliaires,
acquit de ses dettes et forfaits. Et si les meubles ne suf-
fisent, leur sera permis, par la justice, vendre quelque
immeuble » (2). Il ne pouvait jouir de cette saisine qui
lui était conférée qu'après avoir garanti aux héritiers
par la confection d'un inventaire la fidélité de sa gestion.
« Par arrest, si aucun exécuteur de testament ne a mis
à l'inventaire tous les biens qui y doivent estre mis, il
doit estre privé du fait de l'exécution, et avec ce il doit
amende » (Desmares). La saisine qui lui était accordée
ne diminuait en rien celle ed l'héritier, qui seul était le
continuateur de la personne du défunt dont l'exécuteur
testamentaire n'était que le mandataire chargé de veiller
aux intérêts des légataires et de le libérer des dettes
qu'il avait laissées. « Hæc consuetudo non facit quin

(1) Dumoulin sur l'art. 125 de l'ancienne coutume de Paris... In Gallia
filius non tenetur venire per actionem supplementi, sed est saisitus de suâ
legitimâ.... Dumoulin, sur la coutume de Bourges, tit. 18, art. 5.
(2) Loisel, inst. cout., liv. VI, tit. IV.

55

» heres sit saisitus ut dominus, sed operatur quod
» executor potest ipse manum ponere et apprehendere;
» et etiam executor non est verus possessor et nisi ut
» procurator tantum. »

Le père et la mère, soit conjointement, soit séparé-
ment, pouvaient instituer héritier leur fils dans son
contrat de mariage. Les étrangers jouissaient du même
droit. Ces donataires appelés héritiers contractuels
avaient la saisine, qu'ils appartinssent aux pays de coutume ou de droit écrit. « Auvergne, Bourbonais, La
Marche, Nivernais. » « L'hoir conventionnel est réputé
comme affilié et adopté à l'égard des biens et successions de celui qui lui accorde l'hoirie » (Ragneau).
« Notre coutume donne le privilége de saisine à tels
héritiers institués, comme elle donne aux héritiers *ab
intestat*, et si les deux sortes d'héritiers se trouvent
concurrents, l'héritier institué sera préféré tant au plein
possessoire qu'en la recréance » (1).

L'héritier conserve la saisine après avoir obtenu le
bénéfice d'inventaire. C'est toujours lui qui est le représentant du défunt, le continuateur de sa personne.
La loi est venue à son aide en limitant l'engagement
résultant de l'acceptation aux biens héréditaires, mais
ne lui a enlevé aucun des avantages attachés à sa qualité.
Dans les pays de coutume l'héritier bénéficiaire pouvait
être dépouillé de la succession par un parent qui acceptait purement et simplement. « Si ille qui est proximior
» gradu alius existens.... præfertur favore defuncti,
» creditorum et legatariorum. » Ce droit exorbitant,

(1) Guy. Coquille, Questions, 172.

5

malgré l'allégation des motifs présentés par Masuer, ne pouvait être exercé par l'acceptant pur et simple qu'après un délai de 40 jours. L'héritier bénéficiaire était donc saisi et ne perdait définitivement la saisine qu'autant qu'il persistait jusques après l'expiration du temps fixé, dans sa première détermination. « A compter du jour qu'un autre sera apparu héritier simple. » 341, Orléans (1).

« L'héritier en ligne directe qui se porte héritier par bénéfice d'inventaire n'est exclu par autre parent qui se porte héritier simple (2). Orléans, 348 ». Pour les propres, l'héritier bénéficiaire ne pouvait être exclu que par un parent de la ligne « qui s'entend quant il est lignager; autrement non » (3).

Dans certaines coutumes la saisine n'appartenait de droit qu'aux héritiers en ligne directe. Bretagne, Masuer XXXII. « Les biens de celui qui est décédé sans enfants naturels et légitimes ont accoutumé et doivent être mis en la main du seigneur. Mais main levée en doit être faite à l'héritier, après qu'il a prouvé son degré de parentage. Autre chose serait s'il y avait enfants, Car ce sont les vrais héritiers. »

L'aîné, dans certaines coutumes, était seul saisi des biens héréditaires. Ses frères et sœurs devaient s'adresser à lui pour obtenir la mise en possession de la part qui leur revenait. « Quand ung homo noble va de vie à trespassement et délaisse plusieurs enfants, l'aisné

(1) Pothier, Traité des successions, chap. III, Art. III § 1.
(2) Paris, art. 342.
(3) Coutume de Nivernais.

est saisi seulement de la succession de son père et non
pas les puisnés. Anjou, Bretagne. « L'aîné ne devait
répondre dessaisi. »

À Rome, les substitutions étaient nées de cette crainte
qu'éprouvait le citoyen de mourir *intestat*. Ici, au contraire, elles sont destinées à conserver les biens dans
les familles. Grâce à elles, le testateur pourra assurer à
sa maison les biens qu'il possède, empêcher une généra-
tion de dissiper le patrimoine qu'il tient de ses pères, et
perpétuer par l'inaliénabilité « la splendeur du nom ».
Le grevé recueille la succession, qu'il doit rendre à sa
mort, à titre d'héritier. Il est saisi de l'hérédité.

L'ascendant donateur est saisi des biens qu'il a donnés
à son descendant mort sans postérité. En les reprenant, il exerce un droit de succession, il est assujetti
comme tout autre héritier aux charges qui grèvent sa
part héréditaire. « Propre héritage ne remonte aux
père et mère, aïeul et autre ascendant.... toutefois succèdent aux choses par eux données à leurs enfants décédés sans enfants et descendants d'eux. »

Mais que dire de l'ascendant donateur qui s'est réservé le retour des biens donnés dans le cas où le donataire mourrait avant lui.

Il est difficile de comprendre qu'on ait voulu dans les
pays de coutume déclarer le donateur tenu des obligations de l'héritier. Renusson prétend que le père en
faveur de qui s'accomplit la reversion est engagé envers
les créanciers. L'ascendant, cependant, reprenant les
biens donnés sous la condition de survie de son donataire, ne fera qu'exercer un droit qu'il s'était réservé
dans le contrat.

Le roi ou le seigneur haut justicier recueillait, à l'exclusion des parents, les biens de celui qui était frappé d'une condamnation capitale.

Les étrangers n'avaient pas la saisine des successions qui s'ouvraient à leur profit. « S'ils ne laissent des enfants nés et demeurant au royaume, ou d'autres parents naturalisés ou y demeurant, le roi succède » (1).

Sur les domaines seigneuriaux nous trouvons une foule nombreuse de serfs liés à la terre qu'ils cultivent. Pas de saisine pour leurs parents (2). « Quand ils se muerent, quanque ils ont, eschiet à leur seigneur, muebles et héritages ; il n'a nul hoir fors son seigneur, ne li enfant du serf n'en ont rien, se ils ne le rachaptent au seigneur ». Toutefois, dans l'intérêt de l'agriculture, les seigneurs, pour favoriser la réunion des serfs, avaient concédé aux communautés les droits de succession. « Pour ce que la vraie et certaine ruine de ces maisons de village est quant elles se partagent et séparent. (Coquille). Serfs ou main mortables ne peuvent tester et ne succèdent les uns aux autres, sinon tant qu'ils sont demeurant en commun (3). »

Après quelques oppositions « in heredo naturali et » legitimo procedat non in legitimo » (4) qui tombèrent devant l'injustice qu'elles tendaient à consacrer, l'enfant légitimé par mariage subséquent fut assimilé à l'enfant légitime et comme lui jouit de la saisine.

(1) Loisel, inst. cout., liv. 1, tit. § LII.
(2) Beaumanoir, ch. XLV.
(3) Loisel, inst. cout., liv. 1, tit. 1, § LXXIV.
(4) Tiraqueau, décl. 6. Opinion soutenue également par Paul de Castres et Chassanée.

« Voire se il y en avait plusieurs enfants nés avant
qu'il épousast, et la mère et l'enfant étaient mis sous le
poile en sainte église si devenraient ils loyaux hoirs et
seraient ahérité comme loyal hoir, en toute manière de
descendement ou d'eschoite de costé (1).

C'est au continuateur de la personne qu'est accordée
la saisine. C'est contre lui que vont désormais se diriger
toutes les actions. Créanciers et légataires s'adresseront
à lui, les uns pour l'acquittement de leurs créances, les
autres pour le paiement de leurs legs. Les légataires
sont propriétaires du jour du décès, mais ils n'auront la
possession que du jour où ils obtiendront de l'héritier la
délivrance. L'héritier pouvait recevoir des legs en dehors des biens qu'il recueillait en vertu de son titre. Il
n'avait pas la saisine de ce prelegs. « Testator jus non
» dividit sed bona, et quando ex certis sunt instituti
» heredes, tamen omnes œqualiter heredes sunt. »

Les coutumes reconnaissaient presque universellement
aux petits enfants et aux neveux le droit de représenter
leur père ou leur oncle décédés. Cependant quelques
unes les dépouillaient complètement. La représentation
était même interdite à la ligne directe dans les coutumes
de l'Artois, Ponthieu, Boulonnais, le Hainault. Pour
éviter les injustes conséquences de ces exclusions,
contre lesquelles s'était élevé le droit romain, il fut
permis au *de cujus* de rappeler à la succession ceux qui,
déchus du bénéfice de la représentation, n'auraient pu les
recueillir.

(1) Beaumanoir, ch. 18, cout. du Bauvoisis. « Quand un home a
compagnie à une femme, hors le mariage, et il l'épouse après.... »

Ce rappel s'appelait le rappel *intra terminos juris*. Il conférait à ceux à qui il était accordé tous les droits qui appartenaient à de véritables héritiers. Ils jouissaient de la saisine des biens qu'ils prenaient en vertu de leurs titres.

La représentation n'était pas admise pour les autres parents. Toutefois l'on pouvait rappeler à sa succession *extra terminos juris* (per modum legati) ses petits neveux, cousins, etc. Ceux-ci ne devenaient que légataires des portions pour lesquelles ils étaient rappelés, et dont la saisine appartenait de plein droit aux héritiers. Ils devaient donc s'adresser à eux pour obtenir la délivrance (1).

Des effets de la Saisine.

« En titre de succession, le hoir se peut dire incontinent après la mort de son prédécesseur, en possession et saisine de biens du trépassé, dont il se dit hoir : « quia saisina defuncti descendit in vivum (2).

De l'ouverture de la succession à l'acceptation, l'héritier se présente à nous dans deux situations différentes. Dans la première, nous le voyons déclaré propriétaire et possesseur des biens héréditaires, créancier et débiteur comme l'était le *de cujus*, sans qu'il ait cependant manifesté de volonté. Par la seule force de la

---

(1) Pothier. traité des successions. Chap. II, Section III, art. 1, § III.
(2) Grand coutumier de France, liv. II, p. 58, 59, Chap. XXI.

loi, il est immédiatement placé à la tête de l'hérédité.
Depuis le décès, l'universalité héréditaire est entrée
dans son domaine sans qu'il ait rien fait pour l'acquérir.
Mais cette investiture ne peut être invoquée que par lui.

Sans doute il est désigné comme continuateur de la
personne du défunt à tous ceux qui avaient des droits
à exercer contre lui, mais les poursuites ne pourront
l'atteindre que le jour où il aura par son consentement
exprès ou tacite ratifié cette désignation. « Et n'est tenu
de renoncer ni faire aucune déclaration s'il n'était
ajourné pour déclarer s'il se veut porter héritier ou
non, auquel cas sera tenu d'accepter ou de répudier
l'hérédité » (1).

Cette saisine que la loi lui a accordée ne sera définitive, complète qu'après l'acceptation. « Nul n'est héritier qui ne veut ». Il faut que le fait duquel on prétend
faire résulter son engagement soit bien établi. D'Argentré oblige les créanciers qui soutiennent que l'héritier s'est immiscé à fournir la preuve de leur obligation.
« Nemo invitus hereditatem capit, ut nec bonorum
possessionem, ideoque nec actio creditorum procedit,
nisi doceant de acceptatione ant immixtione ejus qui
in gradu est (2).

S'il meurt avant d'avoir pris un parti, ses héritiers
trouveront dans sa succession le droit d'option qu'il
n'a pas eu le temps d'exercer lui-même, et entièrement substitués à lui, ils pourront ou se lier à l'hérédité par l'acceptation ou la répudier. Représentant le

(1) Poitou 288.
(2) 818 anc. Cout. Glo. IV, n° 3.

de cujus pour l'exercice d'un droit indivisible ils doivent n'avoir qu'une même volonté. Si divisés sur la détermination à prendre ils ne peuvent parvenir à cette unanimité obligée, il faut, nous dit Pothier « entrer dans la discussion de ce qui aurait été le plus avantageux au défunt et faire prévaloir ce parti » (1).

Doutant des forces de la succession et hésitant à s'engager, il peut demander le bénéfice d'inventaire et retarder de trois mois et quarante jours toutes les actions qui ont pû être dirigées contre lui en sa qualité de saisi. Les poursuites ne tomberont pas devant l'acceptation mais paralysées un moment elles reprendront leur cours à l'expiration du délai accordé.

Avec le défunt disparaissent tous les droits attachés à sa personne, que lui seul pouvait exercer. Il est bien certain que la possession des propres de la femme du *de cujus* ne passe pas à l'héritier et que l'usufruit dont il jouissait s'est éteint à sa mort. « Consequitur dominum protinus à morte usufructuarii interdictis possessoriis experiri posse, de possessione demum, et realibus actionibus, de proprietate. Audiendi tamen sunt heredes si qualitas usufructus in confesso non sit. Itaque provisio et vindiciæ semper heredi detentori adjudicari debent, si proprietarius in promptu intentionem non implet (2).

Si la succession est notoirement mauvaise, s'il ne veut pas s'exposer aux périls de l'administration bénéficiaire, il renonce et par là fait évanouir la saisine. Les créan-

---

(1) Traité des succ. Pothier, Sect. III, Ch. III. A. 2. Lebrun et Esplard liv. I, Chap. IV, Sect. VI. n° 20.

(2) D'Argentré, des appropr. Chap. VI, n° 24.

ciers, les légataires n'ont plus désormais que l'hérédité pour gage de leurs créances ou de leurs legs.

Dans la seconde, l'héritier a déclaré accepter; jusqu'à ce moment il avait conservé toute sa liberté d'option. Devant une détermination contraire tous les effets de la saisine se seraient éteints. Aujourd'hui il s'est engagé envers les divers intéressés par une sorte de contrat. Il a ratifié, par son adhésion, les obligations auxquelles il était déjà soumis par la loi mais sous une condition entièrement dépendante de sa volonté. Les créanciers héréditaires trouveront en lui le continuateur forcé de la personne de leur débiteur et le poursuivront par la même action, qu'ils auraient pû intenter contre ce dernier. Ils auront deux patrimoines, réunis en un seul par la confusion qui vient de s'opérer, pour assurer le paiement de leurs créances. L'héritier ne pourra plus leur opposer d'exception dilatoire.

Comment les créanciers exerceront-ils leur poursuite dans le cas où la succession de leur débiteur a été acceptée par plusieurs? Pourront-ils s'adresser à l'un des héritiers et exiger de lui seul l'acquittement intégral ou bien devront-ils diviser leur poursuite suivant le nombre des obligés et proportionnellement à la part échue à chacun d'eux? Les coutumes du Nord « Saint-Omer, Amiens, Artois, Péronne, Douai, Lille, » déclaraient *in solidum* l'obligation aux dettes et réunissaient les cohéritiers par les liens de la solidarité. (1).

(1) Coutume de Péronne : toutefois, pour ladite coutume, les héritiers d'un trépassé sont tenus des faits, promesses et obligations de leurs prédécesseurs non dérogeantes à droit et à la coustume du pays, et sont poursuivables *in solidum* et pour le tout, et non pas pour leurs parts et portions. »

On donnait une explication historique de cette rigoureuse disposition (1) que Pothier critique et blame
sévèrement pour de très justes motifs. « Lorsque le
défunt a laissé plusieurs héritiers, il y a, dit-il, quelques
coutumes assez déraisonables pour les obliger tous soli-
dairement aux dettes du défunt comme si plusieurs
pouvaient succéder *in solidum* aux droits d'une personne » (2). Cette action *in solidum* accordée contre le
cohéritier disparut devant les efforts des jurisconsultes
des XV et XVI siècles, qui marchaient à grands pas
vers les réformes juridiques, sous l'influence du droit
romain. « L'héritier n'est tenu des dettes que pour sa
part et portion personnellement et hypothécairement
pour le tout (3). Les héritiers sont tenus des faits et obligations du défunt personnellement chacun pour sa part (4).

Il y avait des coutumes dans lesquelles on faisait supporter toutes les dettes à l'héritier du mobilier. « Et lors
les dettes se payent au fur de ce que chacun en amende, si
ce n'est ès lieux où celui qui prend les meubles et acquels
paye les dettes ; les propres ou du moins les deux tiers
ou quatre quints d'iceux demeurent francs et quittes aux
parents lignagers, qui était l'ancienne coutume de presque tout le royaume » (5).

(1) Coutume de Bauvoisis, Beaumanoir, C. XV, ali. 4.
(2) Pothier, traité des successions, Chap. V, Art. III. § 2. Art. 220 de
la coutume de Cassel : « Chaque créancier pourra poursuivre son bien
pendant l'an et jour contre la maison mortuaire ; et après toutes les
actions personnelles actives et passives se partagent entre les héritiers
a rata de ce qu'ils prennent et de ce qu'ils possèdent ; l'action réelle
suit toujours le fonds. »
(3) Coutume de Paris, art. 332.
(4) Loisel, Inst. Cout. liv. II, t. V, § 12.
(5) Loisel, l. II, t. V, § 10.

On était allé même jusqu'à décider que l'héritier du
mobilier pouvait être poursuivi *ultrà vires* sans recours
contre l'héritier des propres. Pothier dans son *Traité
des successions*, nous cite un exemple où nous voyons
cette divergence entre les coutumes, que nous venons
de signaler. Un Blaisois laisse dans sa succession des
biens situés dans l'Orléanais et dans le Blaisois. A Blois,
l'héritier du mobilier doit supporter toutes les dettes
mobilières ; à Orléans, au contraire, la coutume défère
les biens aux différents héritiers, mais à la charge de
supporter sans distinction les dettes même mobilières.
L'arrêt s'appuie sur les deux coutumes et les applique
dans l'espèce (1).

Il faut distinguer, pour l'exercice des actions des
créanciers, le cas où elles sont intentées avant la ven-
tilation, de celui où elles ne sont intentées qu'après.
Dans le premier, l'action personnelle est basée sur la
part que prend dans la succession l'héritier poursuivi ;
dans le second, sur la portion virile. L'action hypothécaire qu'ont les créanciers contre les héritiers détenteurs
d'immeubles ne reçoit aucune limitation. Contraints
dans l'exercice de l'action personnelle à la proportionner
à la part héréditaire de celui contre lequel ils la diri-
gent, les créanciers peuvent, au contraire, lorsqu'ils
agissent hypothécairement, exiger la totalité de ce qui
leur est dû. Après son acceptation, l'héritier ne peut
plus échapper à l'action personnelle. Le patrimoine recueilli étant épuisé, ses biens doivent compléter les
sommes nécessaires à l'acquittement intégral. Il peut

(1) Pothier, *Traité des successions*, chap. V, art. 11, § 1.

toujours se soustraire à l'action hypothécaire en abandonnant l'immeuble au poursuivant. La première, en
effet, est spécialement dirigée contre l'héritier. Elle dérive du quasi-contrat d'adition par lequel il s'est lié
envers les divers intéressés. La seconde vient frapper
l'immeuble grevé de l'hypothèque. Par le délaissement
l'héritier se met à l'abri de la poursuite exercée uniquement contre le détenteur.

L'héritier acquiert, au jour du décès, la possession de
tout ce dont le défunt était possesseur, et peut immédiatement exercer les actions possessoires appartenant à son auteur. Il se fera réintégrer dans l'immeuble dont le *de cujus* avait été violemment dépossédé. Il
intentera l'action en complainte contre le tiers qui avant
le décès ou depuis, se serait mis en possession d'un
immeuble héréditaire. « Le successeur est tout saisi de
droit, ainsi comme dit est, et ne luy est nécessaire d'aller
ni au seigneur, ni au juge, ni autre, mais de son autorité
se peut de fait ensaisiner (1). Quod si toto anno a die
delatæ hereditatis heres alium esse in possessione rei
hereditariæ passus sit, hoc casu omnibus remediis possessoriis excidit et petitorium solum restat, quia nemo
jure consuetudinario, post annum ad interdicta admit-
titur (2). « Si li hoir ne prend possession des biens du
mort entièrement dedans an et jour (3). »

(1) Grand coutumier, liv. II, C. 21, Et Beaumanoir, C. de Beauvoisis,
C. 6. « De quelque chose que je sois en sesine, et quelle sesine que soit,
bonne ou mauvaise, et de quelque temps que ce soit, soit grant ou petis,
qui m'oste de chele sesine sans jugement ou sans justiche, je dois estre
resesis avant toute œuvre, si je le requiers..... » Beaumanoir, C. 32.

(2) D'Argentré. Q. VII, n° 6. C. d'Anjou 272.

(3) Bourgogne 310.

Vis-à-vis des légataires l'engagement de l'héritier est limité à la valeur des biens héréditaires. La poursuite *ultrà vires* leur est interdite pour réclamer une libéralité qui évidemment ne peut être faite qu'avec des biens appartenant au testateur. « Car male chose serait si li droit hoir de chelui qui les lais fait, qui n'emporte que les quatre parts de l'héritage estaient encombré de paier detes et torts faicts (1). Les Coutumes de Paris et d'Orléans disent que « toutes personnes peuvent tester de leurs biens, meubles, acquêts et de la cinquième partie de tous leurs propres et non plus avant. » De cette disposition, Pothier tire cette conclusion que les meubles, acquêts et le quint des propres sont seuls destinés à acquitter les legs, puisque le reste de l'hérédité est déclaré indisponible (2).

Dans les pays coutumiers, l'institution comme nous l'avons vu plus haut ne conférait pas la saisine qui appartenait de plein droit aux héritiers, et que le testateur ne pouvait leur enlever (3). C'est à eux que le légataire, même universel, devait demander la délivrance. Ils ne représentaient pas le défunt. Ils étaient simplement successeurs aux biens et, par conséquent, à l'abri de la poursuite *ultrà vires*. Cependant les divers intéressés pouvaient exiger que leurs créances fussent acquittées, non-seulement avec l'hérédité, mais encore

(1) Beaumanoir, coutume de Beauvois, 63.
(2) Pothier, *Traité des successions*, chap. V, art. III, § VI.
(3) Le disposant pouvait cependant enlever la saisine aux héritiers légitimes et l'attribuer à un étranger : 1° par la clause privative ; 2° par la déshéritance ; 3° par les rapports à la loi ; 4° par la condition de Mainbournie.

avec le propre patrimoine du légataire, lorsque ce
dernier n'avait pas fait constater légalement la valeur
des biens dont il s'était mis en possession. « Si l'on en
usait autrement, disait Lemaître, si un légataire universel en était quitte pour rendre les effets dont on
justifierait qu'il se serait emparé, ce serait donner lieu
à la fraude et l'engager à ne pas faire inventaire,
parce que comme la preuve serait difficile, il pourrait
toujours espérer profiter d'une partie des effets. »

Au jour du décès il s'opère une confusion entre le
patrimoine du *de cujus* et celui de son héritier. Cette
réunion instantanée peut devenir irrévocable par l'adition. Souvent le successible eût compromis les intérêts
des créanciers héréditaires si la loi ne leur eût permis
de détruire jusqu'à concurrence de leurs créances, les
effets de l'acceptation. Par la séparation de patrimoines,
ils pourront soustraire aux poursuites des créanciers
personnels de l'héritier qu'ils n'ont pas voulu accepter
pour débiteur, les biens qui composent la succession.

Papinien, comme nous l'avons vu, n'admettait pas
qu'ils fussent, par l'obtention d'un bénéfice exclusivement créé en leur faveur, privés du droit que l'héritier
leur avait donné sur ses propres biens, dans le cas où
l'hérédité ne suffisait pas pour éteindre toutes les obligations dont ils poursuivaient le paiement. Il les obligeait
seulement à attendre pour exercer leurs actions contre
l'acceptant que les créanciers de ce dernier fussent
désintéressés. Pothier, Domat et Lebrun adoptèrent
l'opinion du jurisconsulte romain (1).

---

(1) Pothier, *Traité des successions*, chap. V, art. IV.

DROIT FRANÇAIS

DE L'ACCEPTATION DES SUCCESSIONS

De la saisine.

A Rome ce n'était que par l'adition que l'héritier externe acquérait l'hérédité. L'héritier nécessaire, au contraire, était saisi de la succession alors même qu'il voulait la répudier. A la chûte de l'empire romain, des institutions nouvelles surgirent avec l'invasion des barbares. Au lieu de cette famille, toute entière enchaînée par des liens civils aux ordres d'un chef, qui pouvait, à son gré, rejeter les enfants issus de lui pour adopter des étrangers, nous venons de voir la famille germaine dont tous les membres étaient réunis par la solidarité et la copropriété.

Au décès du père de famille, ses enfants étaient saisis de tous ses biens sans cette appréhension physique environnée des formalités symboliques exigées dans les autres traditions. Pourquoi, en effet, demander à la commune son approbation, pourquoi avertir par des cérémonies publiques les tiers qu'une mutation venait de s'opérer? La mort de celui qui possédait n'était-elle pas assez notoire et tout le monde ne connaissait-il pas à l'avance le continuateur de sa personne, le propriétaire futur de son patrimoine? Cet ensaisinement instantané, cette transmission immédiate de la possession à l'héritier subsista au milieu des institutions féodales.

Un moment, nous avons pu croire que la saisine germaine avait disparu, lorsque les seigneurs se prétendant propriétaires de tout le sol, se déclarèrent concesseurs du domaine utile, tout en se réservant le domaine direct comme prix de leur concession. Mais nous avons vu le despotisme féodal vaincu, tomber devant la fameuse maxime : « le mort saisit le vif. » Le législateur moderne a introduit dans notre Code cette saisine née dans la Germanie, affaiblie un instant par la féodalité, mais de plus énergique, mieux formulée de la lutte où les légistes du moyen-âge lui assurèrent son triomphe définitif.

La saisine est un bénéfice légal grâce auquel la propriété et la possession passent sans interruption, sur la tête de l'héritier, avant même qu'il connaisse l'événement qui a donné naissance à ses nouveaux droits. Elle est toute à l'avantage de celui à qui elle est déférée et ne l'engage qu'autant qu'il a déclaré l'accepter.

C'est une investiture de la succession qui lui est définitivement accordée par la loi, mais qu'il peut rejeter. La loi lui offre l'hérédité avec la charge pour lui, s'il l'accepte, de continuer activement et passivement la personne du défunt, lui réservant dans le cas contraire le droit de la répudier.

Le législateur ne dit pas au successible : voulez-vous la succession qui vous est échue? Il l'investit au jour du décès sans connaître son intention, sans le consulter sur le parti qu'il se propose de prendre. Mais cette saisine acquise de plein droit et sans manifestation de volonté n'est que provisoire. L'irrévocabilité ne sera prononcée que lorsqu'il aura déclaré accepter cette situation, dans laquelle il a été placé de prime-abord et peut-être même à son insu.

Pour que les personnes intéressées puissent le poursuivre, pour qu'elles puissent voir en lui le représentant du défunt, il faut qu'il ait accompli volontairement sur cette hérédité dont il est saisi un acte de maître ou qu'il ait pris qualité. S'il use de ce pouvoir de propriétaire qui lui est conféré depuis la mort du *de cujus*, sa position est fixée. La saisine est complète. Au jour du décès, il était saisi de la succession, au jour de l'acceptation; c'est la succession qui le saisit, si l'on peut s'exprimer ainsi. Il ne prend aucun engagement nouveau envers les créanciers et les légataires, mais il se lie pour toujours à cette hérédité que la loi avait déjà transportée au milieu de ses propres biens. Il ne devient pas, à partir du moment où son acceptation est faite, continuateur de la personne du défunt, puisqu'il l'était depuis l'ouverture, mais il renonce au droit de renoncer qu'il avait reçu en même temps que son titre d'héritier. Saisi sous une condition entièrement dépendante de sa volonté, il le devient définitivement, puisqu'il a volontairement refusé d'user de la répudiation. D'héritier facultatif qu'il était, il devient héritier irrévocable.

L'acceptation donne la vie à la saisine. Ce n'est que lorsqu'elle est accomplie que tous les droits existant au profit de l'héritier ou contre lui peuvent être mis en

6

action. Les créanciers héréditaires pourront désormais agir contre lui, comme ils eussent pu le faire contre leur débiteur primitif, et ils verront leurs poursuites tomber devant les mêmes causes de nullité ou de rescision avec lesquelles le *de cujus* eût pû les arrêter, s'il vivait encore.

Héritiers saisis.

Au moyen-âge, pendant que les pays de droit écrit fidèles aux principes du droit romain, plaçaient l'hérédité testamentaire au même rang que l'hérédité *ab intestat*, les pays de coutume ne reconnaissaient pas au testateur le droit de faire un héritier. Nous retrouvons cette divergence d'opinions au Conseil d'Etat, où chacune d'elles ont ses partisans; la première représentée par Malleville, Portalis, Muraire; la seconde, par Tronchet, Treilhard, Bigot-Préameneu. Sans méconnaître ce droit de parenté qu'invoquaient les défenseurs des pays de coutume, il faut cependant convenir qu'on ne peut enlever au testateur le droit de préférer un ami dévoué à un parent éloigné et disposer en sa faveur de ses biens.

Accorder dans tous les cas la saisine aux membres de sa famille, quel que fût l'éloignement de leur degré, eût été exagérer outre mesure cette prééminence que la qualité de parent leur donne sur les étrangers. Aussi fut-on amené par ces considérations à établir une distinction entre les héritiers du sang, à les diviser en réservataires et non réservataires. Les premiers seront toujours saisis de l'hérédité et les légataires même universels devront leur demander la délivrance. En présence des seconds, ces derniers jouiront de tous les avantages de la saisine de plein droit, lorsque leur institution sera inscrite dans un testament authentique. Dans le cas où ils seront appelés par un testament olographe ou mystique, ils devront préalablement accomplir les formalités indiquées par les art. 1007 et 1008. Ce fut Cambacérès qui proposa ces dispositions conciliatrices, et leur adoption termina les vives discussions qui s'étaient engagées.

A côté de l'héritier légitime auquel la loi donne sans restriction aucune l'investiture héréditaire, nous allons trouver l'héritier irrégulier qui, lui aussi, reçoit la saisine, mais soumise quant à l'exercice des droits qu'elle confère non-seulement à l'acceptation, mais encore à l'obtention de l'envoi en possession demandé par requête au tribunal. Comme à l'héritier légitime, les droits et actions du *de cujus* lui seront transmis au décès, qu'il ignore l'ouverture de la succession ou qu'il la connaisse, mais à la différence du premier qui peut agir en maître, aussitôt qu'il le veut, il devra attendre l'autorisation judiciaire. S'il meurt avant d'avoir fait sa demande, son droit passera, tel qu'il existait dans ses mains, à ses propres héritiers qui seront comme lui obligés d'obtenir l'envoi en possession (789).

L'héritier irrégulier se présente à nous dans deux situations différentes. La première commence à la mort du *de cujus* et finit à l'envoi en possession; la seconde, au jour où le tribunal a accueilli sa demande. Dans la première, il est possesseur des biens héréditaires, déclaré tel par la loi, mais l'exercice de ses droits est subordonné à l'exécution des mesures conservatrices inspirées au législateur par le désir de sauvegarder les intérêts des héritiers légitimes, qui, n'ayant pas appris l'événement, pourraient plus tard se présenter. L'envoi en possession ne diminue nullement leurs droits, et par la pétition d'hérédité ils se feront restituer la succession.

Dans la seconde période, cette différence que nous venons de signaler entre ces deux classes d'héritiers a entièrement disparu. Quand l'envoi en possession est accompli après les trois publications et affiches dans les formes usitées, que les scellés ont été apposés, que l'inventaire a été dressé, l'assimilation est complète. Le bénéfice de la saisine était paralysé par les conditions imposées. Du moment qu'elles sont remplies, l'héritier irrégulier est, comme l'héritier légitime, propriétaire et possesseur, du jour du décès, et peut exercer tous les droits attachés à ces deux qualités (1).

Il est bien certain que le droit de l'héritier légitime, (s'il en existe) n'est pas éteint au jour de la déclaration d'envoi, et qu'il s'exercera aussitôt qu'il réclamera. Aussi est-il défendu à l'envoyé de garder le mobilier (771), à moins qu'il ne fournisse une caution suffisante pour en assurer la restitution, si, plus tard, elle est demandée. Si trois années s'écoulent sans qu'il se présente un héritier légitime qui revendique l'hérédité, la caution est déchargée.

(1) Demolombe, succ. n° 157 à 160. Contraire, Bugn., sur Pothier, t. VIII, p. 281.

Les tiers de bonne foi, qui traitent avec l'héritier irrégulier saisi de la succession, acquièrent des droits irrévocables. Persuadés qu'ils contractent avec le propriétaire définitif, ils ne pourront subir les conséquences de l'éviction de l'héritier irrégulier, si un héritier légitime vient le dépouiller. Décider autrement, serait frapper d'inaliénabilité les immeubles recueillis par les héritiers irréguliers. La crainte de la pétition d'hérédité arrêterait les tiers s'ils n'eussent été mis à l'abri de ses atteintes.

L'enfant naturel en concours avec des héritiers légitimes ne s'adressera évidemment pas au tribunal pour se faire délivrer la portion de biens qui lui est déférée. Les héritiers légitimes saisis de l'universalité héréditaire devront, sur sa demande, le mettre en possession.

L'adoption ne fait pas sortir l'adopté de sa famille naturelle. Il pourra, comme ses autres parents, exercer ses droits successoraux sur les successions qui s'ouvriront postérieurement. L'adoption n'unit pas l'adopté aux parents de l'adoptant, mais elle lui confère sur les biens de ce dernier un droit de successibilité aussi étendu que celui qu'aurait l'enfant né en mariage (350). A la mort de l'adoptant, il sera saisi de son hérédité. « Les enfants légitimés par le mariage subséquent auront les mêmes droits que s'ils étaient nés de ce mariage » (333).

La loi du 14 juillet 1819 a abrogé les dispositions de l'art. 726 qui n'admettait l'étranger aux successions de son parent français ou étranger que dans le cas où la loi du pays auquel il appartenait, accordait l'exercice des droits de succession aux Français. En proclamant l'égalité des droits successoraux pour toutes les per-

sonnes, sans distinction de nationalité, le législateur
pouvait nuire aux intérêts des Français.

Aussi dans l'art. 2 a-t-il déclaré que les cohéritiers
étrangers seraient exclus sur les biens situés en France
d'une portion égale à celle dont leurs cohéritiers français seraient privés, « à quelque titre que ce soit, en
vertu des lois et coutumes locales » sur les biens que le
de cujus aurait en même temps laissés dans sa patrie.

De l'acceptation.

Tant que l'héritier n'a pas déclaré expressément ou
tacitement sa volonté de continuer la personne du *de
cujus*, il est, quoique saisi des biens héréditaires, à l'abri
de toute poursuite. Les créanciers et les légataires ont
toujours cependant leur droit de gage sur la succession
et peuvent le faire sortir de l'inaction. Alors il se dé-
terminera à accepter soit purement et simplement, soit
sous bénéfice d'inventaire ou à renoncer. Dans le premier
cas, il devra répondre à toutes les actions qui seront intentées contre lui, acquitter intégralement les obligations
contractées par le défunt non seulement avec les biens
qu'il a laissés, mais encore avec ceux qui lui appartiennent. Il devient débiteur comme l'était celui dont la
personne est désormais confondue avec la sienne.

Dans le second, au contraire, il joint à sa qualité
d'héritier qu'il conserve, celle d'administrateur. Il limite
son engagement aux biens héréditaires. Comme tout
autre créancier il peut présenter les titres qu'il a contre

le *de cujus* et les faire valoir à leur rang. Voilà donc deux espèces d'acceptation qui diffèrent entre elles en ce que la première est irrévocable (except. 383) et entraîne contre l'héritier la poursuite *ultra vires*, tandis que dans la seconde, il peut se soustraire totalement aux charges de l'administration en « abandonnant tous les biens de la succession aux créanciers et aux légataires » (802).

Le choix entre ces deux sortes d'acceptation n'appartient qu'aux héritiers majeurs capables de s'obliger. Les successions échues aux mineurs ou aux interdits ne peuvent être acceptés que sous bénéfice d'inventaire (461).

Quoique prohibant expressément toute stipulation sur succession future, l'ancien droit avait néanmoins autorisé dans certains cas la renonciation antérieure à l'ouverture. Le désir de conserver les biens dans les familles et soutenir par ce moyen « la splendeur du nom » (1) avait fait fléchir les lois si justes qui s'opposaient à la répudiation de droits qui n'étaient pas encore nés. Nous n'avons pas admis dans notre code une si grave dérogation à l'équité, à la morale. L'art. 1130 a rejeté formellement cette disposition admise par l'ancienne jurisprudence.

Autoriser les acceptations anticipées eût été porter la plus grande atteinte à la liberté d'option reconnue à l'héritier, la détruire même dans un grand nombre de circonstances. Combien de fois, en effet, n'aurait-on pas abusé de l'influence qu'on aurait eue sur l'esprit de son

(1) Pothier, traité des successions, Chap. I. art. IV, Quest. VI § III. — Lebrun, liv III, ch. VIII — abrogé, loi du 18 avril 1701.

successible futur pour le déterminer à donner un consentement ruineux. Pour lier à l'hérédité, il faut nécessairement une manifestation libre de la volonté et la connaissance de l'événement qui a fait naître la vocation. Toute stipulation sur succession future, est déclarée nulle par l'art. 1130.

L'acceptation faite par le successible parce que des conjectures plus ou moins fondées lui faisaient supposer que celui dont il attendait l'héritage était décédé, ne produira aucun effet (1).

Il peut arriver que l'héritier accepte à une époque où la succession est réellement ouverte. Ici, le fait concorde avec l'acte qu'il a accompli et qui autorise à croire qu'il en avait connaissance, au jour de l'adition. Il lui sera très difficile de se faire relever de son engagement. Qu'éloigné du pays où est mort le *de cujus*, il prouve que la nouvelle ne pouvait lui parvenir dans le temps, qui s'est écoulé entre l'ouverture de la succession et son acceptation, et il est évident que dans ce cas, son ignorance étant certaine, la manifestation de sa volonté ne pourra être invoquée contre lui.

Un parent plus éloigné peut-il accepter une succession dont est saisi un parent plus proche qui garde le silence? M. Malpel (2), Toullier (3), Vazeille (4) répondent affirmativement ; M. Chabot (5) Duranton (6)

---

(1) Pothier, des succ. ch. III, § 3. — Toullier, t. II, n° 318, Duranton, t. VI n°° 364 et 473.
(2) Malpel n° 186.
(3) Toullier 4, n° 318.
(4) Vazeille, succ. (778, 4).
(5) Chabot, succ. t. II p. 8 art. 774.
(6) T. VI. n°° 366 à 478.

et Delvincourt (1), ne lui reconnaissent pas ce droit.
Si nous nous rappelons que l'une des conditions les
plus essentielles à la validité de l'acceptation est l'irrévocabilité, nous serons obligés d'admettre la seconde
opinion. L'art. 783 a énuméré limitativement les cas
dans lesquels la rescision pouvait avoir lieu.

Quelle est la position de l'héritier du degré subséquent,
après avoir accepté? L'hérédité ne lui était pas déférée.
Un autre en était saisi par la loi. Sans doute, il pouvait
espérer la voir arriver jusqu'à lui par la renonciation
ou la transmission, mais avant la réalisation de cette
espérance, il ne pouvait valablement s'engager. Qu'importe donc qu'il ait accepté, alors qu'il n'avait aucune
qualité pour le faire.

Supposons que l'héritier saisi meure avant d'avoir
pris une détermination. Ses héritiers au nombre desquels est l'acceptant, trouvent dans la succession le
droit d'option que le défunt n'a pas exercé. Ils ne
s'entendent pas sur le parti à prendre. L'acceptation
bénéficiaire doit terminer leurs divisions (781). Dira-
t-on que le parent qui avait déjà accepté purement et
simplement sera lié par son premier engagement et
ne jouira pas comme ses cohéritiers du bénéfice d'inventaire? L'héritier, premier appelé, renonce après l'acceptation d'un parent plus éloigné. Cette répudiation aura-
t-elle pour conséquence de rendre irrévocable le titre
d'héritier pris par ce dernier à une époque où son droit
n'était pas encore ouvert? Dirons-nous avec M. Belost-

(1) Delvincourt, t. II, p. 27, note 2. — Zachariœ, Aubri et Rau,
(t. IV, p. 244—245) attribuant la saisine à tous les parents successibles
reconnaissent dans ce cas la validité de l'acceptation.

Jolimont (1), qu'après avoir déclaré son acceptation, il n'est pas plus libre de s'en dégager à volonté que s'il eût été lui-même héritier du premier degré, « parce qu'il jouirait d'un privilége fort exorbitant, puisqu'après avoir appréhendé la succession, de l'aveu du législateur, et en avoir disposé en maître pendant un grand nombre d'années, il lui serait encore loisible d'y renoncer dès qu'il trouverait quelque intérêt à se soustraire aux charges inhérentes à son acceptation. » Mais à qui cette mise en possession des biens héréditaires nuira-t-elle ? à l'héritier qui reste dans l'inaction ? mais il peut en sortir quand il le voudra et agir en revendication contre l'usurpateur, qui, s'il n'a pas été de bonne foi, sera condamné aux restitutions portées par l'art. 549. Aux créanciers ? Mais ils peuvent immédiatement diriger leurs actions contre lui, se faire payer, puisqu'il a pris le titre d'héritier, et qu'il est le continuateur apparent de la personne de leur débiteur (2). Dans l'opinion que je combats, on ferait un successible du second degré une situation véritablement malheureuse. Enchaîné par son acceptation à une hérédité qui ne lui est pas déférée, il courrait en outre le risque d'être poursuivi *ultrà vires* par les créanciers héréditaires, si les charges absorbaient les biens recueillis et devrait craindre à chaque instant d'être dépouillé, si l'actif de la succession excédait le passif.

(1) Belost-Jolimont sur Chabot, tome II, succ. page 24, art. 774.
(2) Je suppose qu'il se croit réellement héritier, celui qui le précède gardant le silence. Il est certain que, s'il connaît le droit de celui qui le prime, la poursuite *ultrà vires* ne pourra plus l'atteindre, dès qu'il aura déclaré quel est le vrai héritier.

Il existe un cas où l'héritier du second degré peut valablement accepter la succession alors que le droit du premier appelé n'est pas encore entièrement éteint. Il est exposé dans l'art. 890. La renonciation du premier appelé ne donne pas au second la saisine des biens répudiés. Elle ne lui appartient que lorsqu'il a, par son acceptation, définitivement enlevé au renonçant le droit que ce dernier avait conservé de revenir sur sa détermination. Alors nous nous trouvons en présence de l'héritier de l'art. 785, et le parent du second degré, par l'effet de la fiction légale, est censé avoir été un premier depuis le décès.

Si l'héritier présomptif redoute les résultats de son engagement, il lui est permis de préserver son patrimoine de l'action des créanciers héréditaires, en n'acceptant que bénéficiairement (802). L'art. 774 n'admet que ces deux manières d'accepter : ou purement et simplement, ou sous bénéfice d'inventaire.

On ne peut par conséquent accepter sous condition, ou à terme, ou pour partie, ou pour ne produire d'effet qu'après un certain intervalle.

Quand la réunion des deux patrimoines a eu lieu, quand la confusion des personnes de l'héritier et du *de cujus* s'est opérée par le quasi-contrat d'adition, tous ceux qui avaient des droits à exercer contre le défunt peuvent s'adresser, pour leur exécution, à celui qui désormais le représente.

L'art. 783 a établi en faveur de l'héritier qui a accepté des exceptions à l'irrévocabilité de son engagement que nous aurons l'occasion d'étudier plus loin.

De l'acceptation expresse. — De l'acceptation tacite.

(Art. 778.)

Non-seulement le législateur a voulu que la volonté seule de l'appelé liât à la succession, mais encore il a exigé qu'elle fût manifestée dans des conditions telles que ce dernier ne pût prétendre ne pas avoir pris de détermination. Il faut, pour qu'il soit irrévocablement engagé, qu'un fait émané de lui, agissant librement et dans la plénitude de sa capacité, vienne protester contre sa nouvelle assertion et le retenir enchaîné à cette hérédité qu'il voudrait répudier par la seule force de sa volonté d'accepter précédemment déclarée par lui.

Si, d'un côté, l'on devait, en présence des conséquences de l'acceptation pure et simple, n'admettre l'engagement définitif du successible que lorsqu'il est certain qu'il a été volontairement donné, on devait aussi, d'un autre côté, préserver le gage des créanciers et des légataires des manœuvres frauduleuses par une sanction sévère. Quoique saisi par la loi de la succession, l'héritier n'a pas le droit de disposer des biens qui la composent, et de se dépouiller ensuite de sa qualité. Le jour où il fait un acte de maître sur l'hérédité, il cesse d'être simplement successible, héritier éventuel ; il devient héritier définitif. Peu importe que dans une donation ou une vente qu'il fait il déclare ne pas vouloir s'engager. Ces réserves seront considérées comme non écrites, car ces protestations sont démenties par la nature de l'acte qu'il fait. » (1). Il est évident que si on les eût admises, on eût par là fait disparaître les dispositions si prévoyantes de notre Code que nous allons exposer. Il y a deux sortes d'acceptations. L'une expresse, l'autre tacite. On n'accepte expressément, dit l'art. 778, que lorsqu'on prend le titre ou la qualité d'héritier dans un acte authentique ou privé.

Si le successible dans une réunion dit qu'il accepte, personne ne pourra alléguer contre lui cette déclaration verbale qu'il a faite peut-être sans se rendre compte de son importance, qui a pu être mal entendue, mal comprise, et que, dans tous les cas, il serait bien difficile de prouver. Des paroles peuvent être interprétées dans un sens tout différent que celui qui les a prononcées voulait leur donner.

Il écrit à un de ses amis, lui annonce la mort du *de cujus*, et prend le titre d'héritier. Pourra-t-on invoquer contre lui cette lettre toute confidentielle et destinée à rester secrète? Assurément non. Au lieu de s'adresser à une personne étrangère aux intérêts héréditaires, il écrit à un des créanciers du défunt. S'il prend dans cette lettre la qualité d'héritier, devra-t-on donner dans cette espèce une solution différente ? L'acceptation est irrévocable, elle peut amener la ruine du patrimoine de l'acceptant. Elle ne doit donc être prononcée contre celui qui prétend ne pas l'avoir faite, qu'alors qu'il n'existe aucun doute sur le premier parti qu'il nie

(1) Pothier, Traité des succ., chap. III, sect. III.

avoir pris. L'art. 778 ne doit être lu qu'avec l'art. 775. Dans le projet on s'était servi du mot écrit. On substitua dans la rédaction le mot acte sur l'observation du tribunal de cassation (1). Ce ne fut pas précisément parce que le mot écrit était trop vague, trop général, qu'on le rejeta, ce fut surtout parce que l'on voulût que l'héritier ne pût être lié qu'après avoir manifesté une volonté libre et réfléchie.

Dans une lettre, qu'elle soit adressée à un ami ou à un créancier, le successible ne porte jamais cette attention qu'il met dans la confection d'un acte, (quittance, assignation, acte de bail, etc.). Dans le premier cas, il jette à la hâte, souvent même sans réfléchir, quelques mots sur un papier qu'il croit détruit, le jour où l'on veut s'en servir contre lui ; dans le second, au contraire, il sait qu'il va s'engager, que ses intérêts sont en jeu, que l'acte à l'accomplissement duquel il procède est destiné à faire preuve en justice. Aussi ne donnera-t-il sa signature qu'après avoir mûrement délibéré.

Dans le monde, dans le Code même, on ne désigne pas par des noms différents celui qui n'est encore que simplement saisi et celui qui est héritier irrévocable. Cependant, comme nous venons de le voir, il y a entre les deux une énorme différence. Faudra-t-il que celui qui a pris cette dernière qualité dans un écrit insignifiant, soit puni parce qu'en le faisant il est tombé dans l'erreur commune ?

Pourra-t-on, malgré les protestations faites par le successible dans l'acte authentique ou privé dans lequel

(1) Fenet, t. II, pages 159 et 568.

il a pris qualité, s'opposer à sa renonciation ? Certainement non. Il n'a nullement touché aux choses héréditaires. Les créanciers, les légataires, n'ont eu à courir aucun risque. Leurs intérêts n'ont pas été compromis. Ils ne pourront pas dire, comme dans l'espèce citée plus haut : « ce qu'il a fait l'emporte sur ce qu'il a dit ».

Pour qu'il y ait acceptation tacite il faut que l'héritier ait fait un acte qui suppose nécessairement son intention d'accepter, et qu'il n'aurait droit de faire qu'en sa qualité d'héritier (778).

Nul ne peut interpréter l'intention du successible pour lui enlever le droit d'option que la loi lui accorde en même temps que la saisine. Sa pensée doit échapper à toute espèce d'investigation. Il est à l'abri de toute poursuite, tant qu'on ne peut alléguer contre lui des faits desquels résulte nécessairement son acceptation. Mais si, profitant de l'investiture légale, il accomplit un acte de maître sur la succession, il a renoncé définitivement au droit qu'il avait de choisir entre les trois partis qui lui étaient offerts. Comment expliquerait-il, en effet, une vente d'un bien héréditaire, s'il renonçait après l'avoir effectuée, et devenait par là étranger complètement à la succession ? L'acceptation seule a pu lui donner ce droit.

Un fils est à la fois héritier de son père et de sa mère. Il se met en possession d'un bien paternel qu'il croyait appartenir à l'hérédité maternelle. Ce n'est qu'en qualité d'héritier qu'il a pu s'en emparer, mais cet acte ne suppose pas nécessairement son intention d'accepter, s'il ne l'a accompli que par erreur, et s'il fournit la preuve de la sincérité de son allégation. La faculté d'ac-

cepter ou de renoncer lui appartiendra donc pleine et
entière.

Copropriétaire par indivis avec le défunt d'une chose
indivisible, d'une servitude de passage, par exemple, le
successible continue à user de son droit après le décès.
Dans cette espèce il a deux qualités : celle de copropriétaire, qui survit conditionnellement, puisque la saisine n'a rien changé à sa position antérieure, et celle
d'héritier. Dans cet acte de propriété on ne peut savoir s'il agit en vertu de son droit primitif ou de son
droit nouveau. C'est ainsi que associé, 1868-69-70,
mandataire, 2008-2009, caution, 2029, codébiteur so-
lidaire, 1236, exécuteur testamentaire, 1031, il peut
accomplir des actes qui feraient nécessairement supposer son intention d'accepter s'il n'avait pas le droit de
les faire en une autre qualité.

Antérieurement à l'ouverture de l'hérédité, le successible s'était emparé d'un immeuble appartenant au
de cujus. Usurpateur, il avait le dessein de l'acquérir
par la prescription. M. Demolombe (1) qui examine
cette espèce, enseigne que, si après le décès, il reste en
possession, on ne pourra voir dans ce fait, une acceptation, pourvu d'ailleurs qu'il ne touche pas aux autres
biens. Mais cet immeuble a-t-il cessé d'appartenir à la
succession tant que les années nécessaires pour l'accomplissement de la prescription ne sont pas écoulées?
Peut-on dire qu'il puise, dans sa possession illégale,
un titre qui lui permettra d'alléguer qu'en le retenant
dans son domaine il n'agissait pas en héritier ? J'admet-

_____

(1) Demol, Succ., liv. III, tit. I, chap. V, n° 403 ter.

trais bien que l'article 788 ne lui soit pas appliqué, mais seulement parce que sa mauvaise foi doit lui faire infliger la pénalité prononcée par l'art. 792.

Il peut arriver que le défunt ait contracté envers certaines personnes des dettes dont l'honneur commande le paiement. Il a pu faire quelques libéralités à d'anciens serviteurs qui s'étaient dévoués à son service. Le successible qui avec ses propres deniers acquittera ces diverses obligations pourra-t-il être déclaré héritier pur et simple? Tout, en cette circonstance, s'oppose à l'exécution de cette rigoureuse décision. Son abstention complète de l'hérédité, le paiement qu'il effectue avec son argent, ne sont-ils pas des preuves concluantes desqu'elles il résulte clairement que son intention n'était pas d'accepter? Cependant il devra, par mesure de prudence, faire des réserves. « Quand aucun habile à succéder paie créanciers, légats, ou fait autre acte d'héritier, il est réputé héritier et ne peut plus répudier (1). Sous l'empire de notre Code nous devons décider de même. Créancier du *de cujus*, le successible n'a certainement pas le droit de prendre de l'argent dans la succession pour se payer ce qui lui est dû. Comme toute autre personne envers laquelle serait obligé le défunt, il doit demander l'acquittement de sa créance. Si, de sa propre autorité, il s'emparait de valeurs héréditaires jusqu'à concurrence de la dette, il serait inévitablement condamné comme héritier pur et simple sur la poursuite des intéressés.

Si l'héritier présomptif, éloigné du lieu où la suc-

(1) Coutume du Bourbonnais art. 318.

cession s'est ouverte, donne mandat d'accepter, peut-on dire que par l'émission seule de la procuration, il s'est définitivement engagé? Ne devra-t-on pas, au contraire, le déclarer libéré de tout engagement si plus tard, et avant toute exécution, il retire, par la révocation du mandat, le pouvoir qu'il avait conféré? Aux termes de l'art. 2004, le mandant peut, quand bon lui semble, révoquer la procuration. L'effet de cette révocation est d'enlever au mandataire tous les droits dont l'exercice lui avait été confié, et, si elle intervient avant le commencement de l'accomplissement de l'acte, de faire considérer comme non avenue la constitution du mandataire. On ne saurait donc prétendre que les conséquences que devait produire le mandat arrivent alors qu'il est entièrement annulé.

Si au lieu de donner mandat d'accepter, le successible choisit un mandataire pour payer les créanciers héréditaires, si, en un mot, l'exécution de la procuration, au lieu d'aboutir à une acceptation expresse produit une acceptation tacite, dira-t-on que le mandant ne recouvre pas, par la destitution du mandat intervenant comme dans l'espèce précédente, son droit d'option? Comment admettre une distinction entre deux cas parfaitement semblables. Dans l'un comme dans l'autre, l'acceptation ne peut résulter que de l'exécution de l'ordre donné par l'héritier (1).

Quand une personne disparaît de son domicile, que son absence se prolonge de telle sorte que ses biens, laissés sans maître, souffrent de cet abandon, la loi a dû,

_____

(1) Comm. sur les succ. Chabot, t. II, pag. 88, art. 778.

dans l'intérêt du propriétaire aussi bien que de ceux qui ont des droits sur eux, prendre des mesures conservatrices. L'absence est divisée en deux périodes. Dans la première, les héritiers présomptifs sont envoyés en possession provisoire. Cette présomption de la mort de celui qui a disparu va toujours grandissant à mesure que les jours s'écoulent, se rapprochant de plus en plus de la certitude, et finit enfin par amener l'envoi en possession définitive. Dans la première, le tribunal nomme de simples administrateurs qui devront rendre, au retour de l'absent, un compte fidèle de leur gestion ; dans la seconde, il nomme encore des gérants, mais d'une nature toute spéciale. Ils font les fruits leurs ; les cautions qu'ils avaient dû fournir sont déchargées. Mais quelle que soit l'étendue de leurs pouvoirs, on ne peut pas voir en eux des propriétaires irrévocables (132). Non-seulement, en effet, l'absent peut revenir, mais encore on peut apprendre qu'il est mort à une époque où les envoyés définitifs n'étaient pas ses héritiers.

Quoiqu'il y ait une très grande différence entre les envoyés de la première période et ceux de la seconde, nous ne pouvons pas admettre qu'il y ait acceptation de la part de ces derniers dans l'obtention de l'envoi en possession définitive. Non-seulement on ne peut valablement s'engager que lorsque la succession est ouverte, mais encore il faut, dans le cas même où elle l'est, que le successible ait la connaissance de l'événement qui a fait naître son droit.

Ces envoyés en possession définitive ont vu leurs prérogatives s'agrandir, la présomption du décès de l'absent s'étant augmentée. Mais la certitude nécessaire, indispensable do la mort n'existe pas. Ils jouissent de tous les effets du mandat légal qu'ils ont reçu en leur qualité do parent, mais pas plus que les envoyés en possession provisoire ils ne peuvent être considérés comme acceptants, dans l'exercice d'une administration qui, si étendue qu'elle soit, ne leur donne pas les pouvoirs d'un propriétaire (1).

Quand plusieurs héritiers sont appelés en concours à une succession, leur vocation s'étend à la masse entière. Leurs parts, au jour du décès, ne sont pas limitées à tel ou tel bien de l'hérédité. Chacun d'eux a un droit à la totalité. Le concours pourra le restreindre, il est vrai, mais s'il y a des défaillants, les portions répudiées iront se joindre aux portions acceptées par le seul effet de la loi (786).

Par la renonciation, le successible se dépouille des biens dont il était saisi, sans que ses cohéritiers lui doivent cette reconnaissance qu'inspire un donateur à son donataire. La loi n'admet qu'une renonciation : c'est la renonciation pure et simple. Elle ne peut être faite par conséquent ni sous conditions, ni à terme, ni affectée de modalités.

Aussi, lorsque l'héritier renonce en faveur d'un ou de plusieurs de ses cohéritiers, il est certain qu'il exerce un droit né en sa personne, mais dont l'acceptation seule a pû lui donner l'exercice. Quant il fait donation de ses droits successifs, il est évident qu'il agit en héritier. Il n'a pu, en effet, valablement donner sa part héréditaire qu'après l'avoir recueillie par l'adi-

<hr>

(1) Voyez Vazeille, successions, art. 778, 19.

tion. On n'eût pu dans cette espèce l'assimiler à un renonçant, sans commettre une grave injustice. Le donateur ne se dépouille pas irrévocablement, comme celui qui répudie, des biens qu'il donne. L'ingratitude de son donataire peut les faire rentrer dans son patrimoine (953). Réduit à la misère, il obtiendra des aliments de celui qu'il a gratifié. Peut-être même, un jour, les enfants du donateur viendront se faire payer leur réserve avec les biens qu'il paraissait abandonner, mais sur lesquels, comme on le voit, il retient des droits nombreux.

Malgré l'influence du droit romain et de la jurisprudence, Domat (1) déclarait acceptant, le successible qui renonçait, moyennant un prix, au profit de tous ses cohéritiers indistinctement. Sous l'empire de notre Code il n'est pas possible d'émettre une autre opinion. Le renonçant est censé n'avoir jamais été héritier (785). Il ne peut avoir reçu un prix de sa renonciation, dont le bénéfice est accordé à ses cohéritiers, indépendamment de sa volonté par la loi même (786), qu'en qualité d'acceptant pur et simple. Il serait curieux qu'il reçût une somme en vertu d'un titre qu'il n'a jamais eu, puisque, par l'effet de la fiction légale, il est devenu complétement étranger à l'hérédité, non pas seulement du jour où il l'a répudiée, mais même depuis l'ouverture.

La renonciation gratuite en faveur de tous les cohéritiers, sans distinction, ne saurait être regardée comme

(1) Domat, lois civ., liv. I, tit. III, sect. 1, n° 19. Auroux des Pommiers, sur l'art. 325 de la Cout. du Bourbonnais. Contrairement à l'opinion de Lebrun, liv. III, chap. VIII, sect. 11, n° 24. Pothier, des succ. chap. III, sect. III, art. 1, § 1, et de la Communauté, n° 545.

une acceptation. Dans sa déclaration au greffe, le renonçant aura pû énumérer les effets légaux qui allaient se
produire. Cette insertion dans l'acte d'une clause inutile sera considérée comme non écrite (1).

L'acceptation bénéficiaire est toute à l'avantage de
l'héritier. Elle ne lui fait perdre aucun de ses droits.

Le bénéficiaire pourra, quant il le voudra, se dé-
barrasser d'une gestion pénible en abandonnant tous
les biens de la succession aux créanciers et aux légataires (802) ou reconnaissant l'inutilité de mesures de
précaution en présence d'une hérédité dont il a apperçu
les avantages, aux premiers jours d'examen, accepter
purement et simplement. Aussi ne voyons-nous pas de
différence au point de vue de l'application de l'art. 780
entre l'héritier bénéficiaire et l'héritier pur et simple.
Si le premier consent le transport de ses droits successifs, il sera sorti des limites de l'administration
qui lui étaient assignées et sera déclaré héritier pur
et simple (2). M. Merlin (3) était d'une opinion
contraire, sur ce motif, que les créanciers n'ont rien à
craindre dans ce cas, puisqu'il ne peut être disposé des
biens héréditaires sans observation des mesures conservatrices prescrites par la loi pour préserver leur gage
des manœuvres dolosives.

Les actes purement conservatoires de surveillance et
d'administration provisoire, ne sont pas des actes d'adi-

(1) Demol. succ. liv. III, tit. 1, ch. V. n° 459.
(2) Cour royale d'Amiens, Arrêt, 2 mai 1806, J. D. P. nouvelle édition,
t. VII. p. 280.
(3) Quest. de droit. hérit., § 11, Merlin.

tion d'hérédité, si l'on n'y a pris le titre ou la qualité d'héritier (779).

A l'ouverture d'une succession l'héritier hésite souvent à prendre parti. Il craint de contracter un engagement dont les conséquences peuvent être ruineuses si le *de cujus* est mort laissant plus de dettes que de biens. Pendant ces quelques jours d'incertitude, devait-on laisser l'hérédité sans administrateur? Le successible qui, depuis le décès est placé à sa tête par la loi, ne devait-il pas avoir le droit de la gérer?

En lui reconnaissant formellement ce droit le législateur a voulu pourvoir aux intérêts de tous : à ceux de l'héritier qui peut-être, par l'acceptation, va devenir propriétaire définitif ; à ceux des créanciers et des légataires dont le gage est mis à l'abri des détériorations, des pertes qu'amènerait inévitablement la vacance.

Une prescription menace de faire passer un immeuble héréditaire dans les mains d'un usurpateur. Assurément il doit comme administrateur, comme propriétaire éventuel, en interrompre le cours ;

Il arrête les poursuites d'un créancier en acquittant la dette de ses propres deniers et en faisant ses réserves à cet égard ;

Les deux années fixées par l'art. 1912 vont s'écouler sans que les obligations contractées aient été remplies : il paie les arrérages échus avec ses propres deniers pour prévenir le rachat qui va être exigé ;

Il fournit au prêteur les sûretés promises par le contrat et que le défunt avait négligé de donner (sans toucher bien entendu aux valeurs héréditaires) ;

Il paie avec son propre argent le prix dû, pour empêcher la résolution de la vente (1654) ;

Il acquitte des droits de mutation (1) ;

Il s'oppose au déménagement de locataires ou de fermiers dont il redoute l'insolvabilité ;

Il fait faire des réparations urgentes à un bâtiment qui menace ruine ;

Il fait ensemencer les terres ou récolter les fruits arrivés à leur maturité (2) ;

Il renouvelle un bail qui vient d'expirer, suivant les anciennes conditions ;

Il demande l'apposition ou la levée de scellés ;

Il fait renouveler des inscriptions hypothécaires ; etc.

Dans l'exécution de ces divers actes, il agit en administrateur. Il sauvegarde ses intérêts aussi bien que ceux des créanciers et des légataires. C'est un gérant qui administre, sous la surveillance des intéressés, une hérédité sur laquelle ils ont des droits communs, quoique de nature diverse et qui ne peut être déclaré héritier, dans l'accomplissement du mandat qu'il tient de la loi même, que s'il franchit les bornes où sa gestion doit s'arrêter.

(1) Considéré comme acte d'héritier par la Cour royale de Caen, par arrêt du 17 janvier 1824 (Sirey 25, 2, 222). — Opinion définitivement rejetée aujourd'hui. Cour roy. de Lyon, 17 juillet 1829 ; — Toulouse, 7 juin 1830 ; — Limoges, 19 février 1831 ; — Paris, 5 juillet 1836..

(2) Furgole disait que le successible faisait acte d'héritier « en cultivant, ou faisant cultiver les biens héréditaires. Chap. X, sect. 1, nº 103. Pothier était d'un avis contraire. (Des succ. chap. III, sect, III, art. 1, § 1. — Note 2 sur l'art. 336 de la coutume d'Orléans.

Des personnes qui ne peuvent accepter. Du mineur et de la femme mariée (art. 776.)

En présence des conséquences de l'acceptation, le législateur a voulu qu'une volonté libre et intelligente fût manifestée pour lier irrévocablement le successible : aussi a-t-il interdit le droit de prendre parti aux personnes qui n'ont pas encore atteint l'âge où les facultés intellectuelles ont acquis le développement nécessaire pour que le consentement soit indépendant et éclairé. La fortune toute entière de l'acceptant peut être compromise par une imprudente prise de qualité. Nous avons vu, en effet, que l'héritier devient immédiatement le continuateur de la personne du défunt, qu'il est obligé comme tel, à acquitter toutes les créances présentées par les créanciers héréditaires avec les biens de la succession et ses biens personnels confondus en une seule masse par son acceptation.

Nous n'avons pas, comme les Romains, divisé l'enfance en périodes et déclaré tel acte valable ou nul suivant que son auteur se trouvait dans la première ou la deuxième. L'enfant est incapable jusqu'à ce qu'il soit parvenu à sa vingt-unième année, à moins qu'il n'ait obtenu avant ce terme, rigoureusement prescrit, le bénéfice de l'émancipation. Pendant sa minorité, il aura à côté de lui un tuteur chargé de veiller à la garde de sa personne et de son patrimoine, qui devra le représenter dans tous les actes civils. Parmi les plus importants de tous

se place, sans contredit, l'acceptation d'une succession.
Aussi le législateur a employé tous ses efforts à sauvegarder les intérêts du mineur. Le tuteur ne pourra
accepter que sous bénéfice d'inventaire. Dans aucun cas
les créanciers héréditaires ne pourront poursuivre sur
les biens personnels du mineur le paiement de leurs
créances. Le tuteur ne peut pas accepter seul, même
bénéficiairement, la succession parce que si le patrimoine du pupille est mis à l'abri de la poursuite *ultra
vires*, cependant l'obligation au rapport (813) pourrait
dans certains cas lui causer de très-graves préjudices,
ni répudier parce que son opinion peut-être irréfléchie,
pourrait faire perdre à son pupille une hérédité lucrative. Il faut qu'un conseil de famille composé de personnes unies au mineur par la parenté ou l'amitié, et
présidée en outre par le juge-de-paix, approuve la détermination du tuteur (461).

En lisant les formalités, les conditions nombreuses
auxquelles sont soumises les aliénations des biens des
mineurs, telles que l'autorisation du conseil de famille,
l'homologation du tribunal, les actes de publicité pour
porter la vente à la connaissance des tiers, on peut se
demander comment un tuteur, autorisé seulement par le
conseil de famille, a reçu le droit de répudier une succession. N'est-ce pas là une véritable aliénation? Ne
devait-on pas exiger dans cette circonstance l'homologation du tribunal? Quoiqu'il en soit, l'art. 461 n'impose
pas cette obligation. Cependant comme la répudition
d'une hérédité peut-être considérée comme une aliénation, puisque du jour du décès, par l'effet de la saisine,
le mineur est devenu propriétaire, je crois que l'on doit

compléter l'art. 461 par les dispositions contenues dans les articles 457 et 458.

Quelques auteurs (1) ont prétendu que le mineur pouvait être condamné comme héritier pur et simple. Comment une opinion si défavorable au mineur a-t-elle pù se placer en face du texte aussi formel de l'art. 461. Le législateur n'a pas voulu que l'acceptation pùt émaner de celui dont l'intelligence n'était pas suffisamment développée. Il a créé des formes spéciales, pris des mesures conservatrices et n'a pas admis d'exceptions. L'acceptation d'une succession échue à un mineur doit être faite par le tuteur autorisé par le conseil de famille. Et maintenant que le mineur s'empare d'un bien héréditaire, qu'il en dispose ou que même son tuteur seul fasse des actes d'héritier : peu importe, il n'y aura pas acceptation. Autrement que serait devenue cette garantie de l'art. 461 si elle eût pù être si facilement éludée, si le mineur eût pu par ses actes se lier irrévocablement à une succession.

Quand le législateur a décidé que des formalités protectrices seraient préalablement observées par le tuteur pour accepter ou répudier, il s'est laissé guider par le désir de mettre le patrimoine du mineur à l'abri de tout péril. Quant il a déclaré que le mineur ne pourrait manifester de volonté suffisante pour l'obliger ou le rendre étranger à l'hérédité, il a voulu assurément que l'art. 775 ne vienne pas tomber devant les manœuvres dolosives des intéréssés.

(1) Demante, t. III, n° 96 bis, V, et n° 113 bis, I ; Delvincourt, t. II, p. 32, note 1.

Et en effet quoi de plus facile à un cohéritier intéressé à l'acceptation du mineur dont il attend un rapport considérable, à un créancier qu'excite l'espoir d'augmenter son gage, que d'entraîner cet enfant à un vol dont il ne comprend pas les conséquences. Peut-on admettre que toutes ces précautions prises par le législateur dans sa solicitude puissent ainsi disparaître, par l'effet de la fraude des intéressés, d'autant plus à craindre que celui contre lequel elle serait dirigée n'opposerait la plupart du temps qu'une faible résistance.

Le mineur émancipé et les personnes qui se trouvent dans un état d'aliénation mentale ou de faiblesse d'esprit, étant assimilés au mineur, les premiers par l'art. 484 qui ne leur permet, sans l'observation des formalités dont nous avons parlé plus haut, que les actes de pure administration, les seconds par l'art. 509, nous devons leur appliquer toutes les observations précédemment faites.

Sans être frappées de démence, d'imbécillité ou de fureur il existe des personnes qui compromettent si légèrement leur fortune que la loi autorise leur interdiction et les fait replacer sous cette tutelle qui n'eût dû jamais leur être enlevée. Mais ici l'interdiction n'a d'autre cause qu'une trop grande prodigalité, et l'assimilation avec le mineur quant à la personne et aux biens n'est pas prononcée. Un conseil leur est donné pour surveiller leur conduite et les assister dans les actes qu'ils veulent accomplir. Si une succession s'ouvre en sa faveur, l'interdit pourra, sans nul doute, prendre l'un des trois partis offerts aux majeurs jouissant de la plénitude de leur capacité. Mais le conseil devra intervenir et donner son adhésion. Avec son autorisation, il pourra s'engager envers les créanciers héréditaires par son acceptation, ou répudier valablement l'hérédité.

La femme est dans l'association conjugale soumise au pouvoir de son mari et ne peut s'y soustraire qu'en prouvant l'injustice de l'opposition qui serait faite à un acte nécessaire qu'elle voudrait accomplir. Ce n'est pas comme pour le mineur la faiblesse de son intelligence qui a déterminé le législateur à la frapper d'incapacité, mais bien la nécessité de faire respecter cette autorité à laquelle il l'a assujettie. Que serait-il arrivé, en effet, si déclarée soumise à la puissance maritale, elle eût pu seule engager son patrimoine et le soustraire par là aux droits que le régime sous lequel elle est mariée donne à son mari. Pour qu'elle puisse accepter une succession, il faudra que son mari lui donne l'autorisation, ou que, s'il la lui refuse, le tribunal intervenant et reconnaissant l'injustice du refus, lui accorde la permission. Alors, soit que son mari ait donné son consentement, soit que le tribunal invoqué par la femme ait reconnu la justice de sa demande, elle pourra accepter la succession.

Mais il faut remarquer la différence qui existe entre les deux autorisations. La première lui permet d'engager tous ses biens, tandis que dans la seconde la poursuite *ultra vires* ne pourra s'exercer que sur la nue-propriété : Seule elle ne peut accepter bénéficiairement parce que, indépendamment de l'obligation au rapport, elle aurait couru dans une administration aussi périlleuse des risques auxquels sa position de femme mariée ne lui permet pas de s'exposer. Le mari ayant des droits

plus ou moins étendus sur les biens de sa femme,
suivant le régime matrimonial sous lequel il est placé,
a intérêt à ce que cette dernière ne puisse pas renoncer
à une succession qui lui est échue et qui présente des
avantages. Cependant peut-on dire qu'il peut accepter
jusqu'à concurrence de son droit? Doit-on voir entre
lui et les créanciers de l'art. 788, comme l'enseigne M.
Chabot, analogie suffisante pour appliquer dans ce cas les
mêmes dispositions (1).

Il est certain que, sans son adhésion, elle a été
saisie des biens héréditaires, dès le décès du *de cujus*,
que son mari a acquis un droit sur cet accroissement
de fortune, qu'elle ne peut lui enlever « 217, 219.
Pothier était de cette opinion (2). Mais il est bien évident que le mari, dans ces circonstances, ne profite de
son acceptation que jusqu'à concurrence de son droit.
On doit également admettre que la femme qui veut
renoncer ne saurait être liée malgré elle à une hérédité
qu'elle croit onéreuse. Si plus éclairée et mieux avisée
que son mari, elle ne veut pas accepter, elle ne devra
pas assurément être privée des avantages de sa prévoyance par l'acceptation d'une personne dont elle a
combattu la volonté.

---

(1) Chabot. succ. tome II, page 52.
(2) Pothier success. chap. III. sec. II. art. 2.

De la prescription de la faculté d'accepter ou de répudier.

(art. 789.)

Quand l'héritier n'a manifesté ni expressément, ni
tacitement sa volonté, l'investiture légale retient dans
son patrimoine les biens héréditaires, et quel que soit
le laps de temps écoulé, il conserve le droit de rendre
irrévocable la saisine qui lui est conférée depuis le décès
du *de cujus* ou de s'en dépouiller entièrement. Dire,
que l'art. 775 peut tomber devant une prescription,
serait introduire une classe d'héritiers nécessaires et
assurément une semblable opinion trouverait difficilement des bases dans les lois successorales, dans lesquelles
règne cette liberté pour tous les successibles que notre
ancien droit avait proclamée dans la fameuse maxime.
« Nul n'est héritier qui ne veut. »

D'un autre côté, l'article 784 déclare en termes abso-
lus que la renonciation ne se présume pas. Peut-on en
présence d'un texte aussi formel, prétendre que le législateur n'a promulgué une disposition si précise que
pour la limiter après dans l'art. 789 à un délai de trente
ans. L'ancienne jurisprudence déclarait imprescriptible
la faculté d'accepter ou de renoncer. « L'héritier est
toujours à temps d'accepter la succession tant qu'il ne
l'a pas répudiée. On est toujours à temps de répudier

une succession tant que l'on ne l'a pas acceptée (1). »

Croit-on que si le législateur avait voulu s'écarter des principes de notre ancien droit, il se fût contenté de ces quelques mots contenus dans l'art. 789, croit-on qu'une innovation aussi considérable eût été agite sans que des discussions nombreuses se soient engagées? Ne serait-il pas resté quelques traces de cet important changement qui puissent fournir quelques explications de cette disposition qui a donné naissance à tant de systèmes divers et qui paraissait si claire à ses promulgateurs qu'ils n'ont laissé sur elle aucun éclaircissement. Le texte seul nous est parvenu sans commentaires (2).

Un héritier éloigné du lieu où s'est ouverte la succession ne peut perdre la faculté d'accepter ou de renoncer, parce qu'il est entièrement impossible d'invoquer la prescription tant qu'il ignore l'événement. La faculté d'accepter ou de renoncer n'est pas née, n'existe pas. Nous pouvons avoir des droits sans le savoir et cependant, un tiers les acquerra valablement par la prescription, mais un droit d'option qui suppose nécessairement la manifestation de la volonté, de l'intelligence, ne saurait tomber après l'expiration d'un temps déterminé. Comprendrait-on que le législateur ait offert d'un côté le choix entre trois partis à l'héritier et qu'il le lui ait enlevé de l'autre avant qu'il ait pû profiter de la

(1) Pothier, Introduction au titre XVII de la Cour d'Orléans, n° 43 et n° 66. — Furgole (pour la faculté d'accepter). La succession pourrait être acceptée même après les trente ans depuis la mort du défunt, parce que le droit n'en serait pas perdu, à cause qu'il n'aurait pas été acquis par un autre. Des testam., ch. X, sect. 1, n° 160.

(2) Fenet, t. III, p. 318, et t. IV, p. 381 et 440.

faveur qui dans l'espèce citée plus haut lui aurait été accordée.

Dans l'interprétation de l'art. 789, M. Delvincourt place l'héritier dans une situation vraiment trop malheureuse. Après l'accomplissement de la prescription, dans l'opinion de cet auteur, il perd non pas précisément l'un ou l'autre droit, mais il est acceptant ou renonçant suivant l'intérêt de ceux qui agissent contre lui. Pour les créanciers il sera le continuateur de la personne du *de cujus*; mais les débiteurs, les détenteurs des biens héréditaires, les cohéritiers ou héritiers du degré subséquent, ne verront en lui qu'un étranger (1).

Comment pourrait-on adhérer à la doctrine de certains arrêts, considérant comme renonçant l'héritier qui n'a pas pendant trente ans manifesté la volonté d'accepter sous le prétexte que, « d'une part, le cohéritier négligent est censé avoir renoncé et être demeuré étranger à la famille; et d'autre part, le cohéritier diligent est censé par une fiction légale avoir possédé de fait et de droit à partir du jour du décès (2). »

M. Taulier enseigne qu'il faut distinguer entre l'héritier régulier et l'héritier irrégulier. Après trente ans le premier ne pourra plus renoncer, le second ne pourra plus accepter (3).

M. Duranton déclare étranger à la succession celui

(1) Delvincourt, t. II, p. 51, not. 6. Égal. Delaporte, Pandect., Franç., t. III, p. 170.
(2) Paris, 12 décembre 1851, et Cass., 15 juin 1855.
(3) T. III, p. 248.

8.

qui est resté trente ans sans manifester de volonté (1).

M. Belost-Jolimont (sur Chabot) prétend que l'héritier saisi perd au bout de trente ans la faculté de renoncer et que l'héritier dessaisi par sa renonciation (790) perd la faculté d'accepter (2).

Zachariæ, Aubry et Rau distinguent deux cas : 1° celui où les parents du même degré ou des degrés ultérieurs se sont emparés de l'hérédité; 2° celui où aucun successible ne s'est mis en possession Dans le premier cas, la faculté d'accepter est perdue pour le successible du premier degré après l'expiration des trente années; dans le second, la faculté de renoncer (3).

L'explication de cet art. 789 se trouve écrite dans les art. 790 et 783. Redoutant les charges d'une hérédité qu'il croit onéreuse, un successible renonce. Son droit d'accepter n'est pas encore éteint. Si plus tard il s'apperçoit qu'il a agi imprudemment, qu'il s'est laissé égarer, dans sa première détermination, par des craintes exagérées, il pourra revenir vers cette succession dont il s'était éloigné, pourvu que l'héritier du degré subséquent n'ait pas accepté dans l'intervalle. Mais s'il persiste pendant trente ans dans son premier parti, la prescription lui enlève le privilége que l'art. 790 lui avait accordé, sans violer l'art. 784 qui n'admet pas les renonciations présumées.

Un héritier accepte la succession à laquelle il est

(1) Duranton, t. VI, n° 488. — Malpel, n° 336 et suiv. — Vazeille, des prescriptions, t. I, n° 368.

(2) Belost-Jolimont, sur Chabot., succ., t. II, p. 122 et suiv.

(3) T. IV, p. 246 et suiv.

appelé. Quelques jours après il s'aperçoit que sa détermination a été amenée par des manœuvres dolosi-ves, ou bien encore un testament qui le lèse de plus de moitié est découvert. L'art. 783 vient à son aide dans ces diverses circonstances et lui ouvre la voie de la rescision. Malgré le dol, malgré la violence ou la découverte d'un testament, son acceptation existe toujours. Pour obtenir l'annulation de son engagement, il doit adresser sa demande au tribunal et fournir la preuve des faits sur lesquels il l'appuie. S'il laisse écouler trente ans sans réclamer, le bénéfice de l'art. 783 est frappé par la prescription.

Désormais il est redevenu acceptant définitif ou plutôt il n'a jamais cessé de l'être, puisqu'il n'a pas voulu user du droit de rescision dans le temps qui lui était accordé.

Peut-on dire dans cette espèce que l'art. 775 soit méconnu? Evidemment non. Tels sont, je crois, les deux cas auxquels s'applique l'art. 789. Avec cette explication aucun des principes fondamentaux sur les successions n'est violé. Cette interprétation ne porte aucune atteinte à l'indépendance de l'héritier dans le choix d'un parti et respecte également les art. 775 et 784, que le législateur de l'art. 789 n'a pas certainement voulu éluder.

De la révocabilité de l'acceptation

(art. 783.)

Saisi de tous les biens héréditaires, l'héritier peut par sa renonciation devenir étranger à la succession, ou simple administrateur limiter son engagement, ou enfin accepter la situation légale et rendre définitive cette qualité que la loi lui avait provisoirement conférée. Entouré de créanciers intéressés à cette acceptation qui augmentera leur gage de toute sa fortune personnelle et de cohéritiers qui espèrent profiter du rapport des donations qu'il avait reçues du *de cujus*, sa volonté pouvait être influencée, entraînée par le dol ou la violence. Aussi le législateur, tout en proclamant l'irrévocabilité des acceptations, a voulu mettre l'héritier à l'abri des manœuvres frauduleuses ou des menaces, en lui accordant un droit de rescision toutes les fois qu'il prouvera que sa détermination n'a pas été librement prise. La fameuse maxime, nul n'est héritier qui ne veut, reproduite par l'art. 775, n'eût-elle pas été, en effet, violée si l'acceptation avait été maintenue alors que l'héritier aurait été trompé où violenté ?

M. Chabot (1) veut que le dol émane de l'une des parties pour que l'héritier ait le droit d'invoquer l'article 783, et il s'appuie pour soutenir son opinion,

---

(1) Succes., t. II, p. 79, art. 783. Egal. Delvincourt, t. II, p. 29, note 1.

si contraire aux dispositions de notre ancienne jurisprudence, sur l'art. 1116. Est-il possible d'assimiler à
une convention un engagement qui peut entraîner la
ruine totale du patrimoine de l'héritier? Peut-on admettre une distinction en présence d'un malheureux
qui, victime de la fraude, lié par le dol et non par sa
volonté, verrait ses biens devenir la proie des créanciers?
Devaient-ils compter pour le paiement de leurs créances
sur la fortune d'un héritier auquel l'intérêt commandait
si impérieusement la répudiation?

Comment, le législateur aurait voulu que l'héritier ne
fût déclaré irrévocablement tel que lorsqu'il aurait manifesté clairement et librement son intention, il aurait
promulgué l'art. 783 pour le mettre à l'abri des manœuvres dolosives, et les créanciers auraient le droit
de le poursuivre *ultra vires* parce qu'ils seraient restés
étrangers au dol? Ils bénéficieraient de la ruse employée
parce qu'ils n'en auraient pas été les complices? Mais
que deviendrait alors l'art. 775 ?

Y a-t-il, en effet, plus de liberté dans un consentement déterminé par la fraude d'un étranger qui l'aurait
commise soit par inimitié, soit par collusion, dont la
preuve serait impossible la plupart du temps, que dans
un consentement amené par le dol d'un créancier ou
d'un légataire ?

M. Chabot semble voir un grand remède dans le
recours qu'il accorde à l'acceptant trompé contre l'auteur de la fraude. Mais si ce recours est dérisoire, inutile
en présence de l'insolvabilité de celui contre lequel il
est dirigé, faudra-t-il livrer, sans abri contre leurs poursuites, l'héritier dont on a surpris l'adhésion, en proie

aux créanciers et aux légataires? Ne voit-on pas, d'ailleurs, qu'il s'écarte de l'art. 1116, lorsqu'il dit qu'il suffit que le dol soit commis par l'une des parties pour que l'art. 783 soit applicable. Si nous restons, en effet, dans les termes de l'article qu'il invoque, je demande pourquoi, comme il le prétend, lorsque les créanciers sont restés entièrement étrangers aux manœuvres frauduleuses des légataires, l'héritier pourrait faire prononcer la rescision aussi bien contre eux auxquels il n'a rien à reprocher que contre les coupables (1).

Le législateur n'avait pas besoin de parler de la violence comme cause de rescision dans l'art. 783. Elle était, en effet, déjà comprise dans l'art. 775. La volonté cesse d'exister du moment que celui qui doit la manifester se trouve aveuglé par la crainte du danger dont il est menacé. Doit-on, pour admettre l'annulation de l'acceptation, exiger de la part de celui qui la demande la preuve que la violence dont il se plaint a été commise dans les conditions prévues par les articles 1111 et suivants, ou doit-on laisser au tribunal un pouvoir souverain d'appréciation? Je crois qu'on ne doit, en aucun cas, qu'il s'agisse de manœuvres dolosives ou de violence, appliquer des règles toutes spéciales, toutes particulières aux simples conventions. Nous ne devons pas, en effet, oublier que l'héritier ne peut faire une acceptation valable que lorsqu'il se trouve dans une indépendance complète, et qu'on ne saurait le déclarer définitivement enchaîné à la succession lorsqu'il serait

(1) Duranton, t. VI, n° 454. — Belost-Jollmont sur Chabot, succes. t. II, p. 01, art. 783. — Demolombe, t. II, liv. III, tit. I, chap. V, n° 538.

certain que son consentement a eu pour mobile une
volonté étrangère. Aussi admettrai-je que celui qui se
prétendrait violenté et en fournirait la preuve, s'appuyât
sur l'art. 775 plutôt que sur l'art. 783, qui n'a pas
énuméré la violence parmi les causes de rescision,
puisque dans ce cas il n'y a réellement pas eu acceptation.

Quand un héritier a accepté une hérédité et qu'il ne
peut alléguer, pour se préserver des poursuites dirigées
contre lui, ni le dol ni la violence, sa position est désormais fixée. Pourquoi n'a-t-il pas porté plus de prudence dans son option? Trois partis lui étaient offerts.
Que n'examinait-il attentivement les forces héréditaires avant de se décider. Mais il est des actes qui, par
leur nature même, échappent à toute investigation,
puisque celui-là même qui les accomplit emploie tous
ses efforts à en faire disparaître la trace. Par eux le
de cujus peut disposer de sa succession en faveur de
celui qu'il préfère, sans que ses héritiers aient la moindre connaissance de ces aliénations.

Ignorant l'existence d'un testament qui, par des
libéralités excessives, lui enlève la majeure partie de
cette succession qu'il a acceptée, ne se doutant pas des
diminutions qu'elle allait subir sur la demande des légataires dont il ne connaissait pas les droits, l'héritier
pourrait éprouver de très grandes pertes alors qu'il
n'aurait d'autre faute à se reprocher qu'une inévitable
erreur. Dans ce cas, le législateur est venu à son aide et
lui a permis de faire annuler son acceptation. Cependant,
il ne faut pas que la lésion opérée par le testament soit
peu considérable, il faut qu'elle diminue de plus de

moitié les valeurs héréditaires. La loi semble n'avoir
introduit qu'à regret cette exception à l'irrévocabilité
des acceptations, lorsqu'elle exige une lésion aussi forte
pour autoriser l'exercice de l'action en rescision.

L'héritier ne doit pas seulement alléguer qu'il ne
connaissait pas les clauses du testament. Quelles que
fussent les libéralités du *de cujus*, il resterait lié, s'il ne
prouvait pas que son existence même lui était inconnue.
En effet, du moment qu'il savait que le défunt avait
laissé un testament, il devait attendre, avant de prendre
parti, le moment où il en connaîtrait les dispositions.

Placé à la tête de la succession, l'héritier ne s'est déterminé à rendre irrévocable son titre qu'à la vue d'un
actif considérable. Un testament étant découvert, il
voit passer dans d'autres mains les biens sur lesquels il
comptait. L'hérédité entière n'a pas disparu, mais elle
a été absorbée de plus de moitié. Saisi par la loi, il
était devenu propriétaire définitif du jour de son acceptation. Si des légataires armés d'un testament postérieurement découvert, réclament plus de la moitié de
ces biens qu'il croyait réunis pour toujours à son patrimoine, dira-t-on qu'il n'éprouve pas une lésion certaine, réelle et non éventuelle, comme le prétend
M. Marcadé (1)? Ce qui l'avait déterminé, c'est cette
certitude qu'il avait de rester propriétaire des biens
héréditaires. Ils lui sont enlevés par une cause qu'il

(1) « C'est cette seule éventualité de lésion qui a déterminé le législateur à permettre l'annulation de l'acceptation. » Marcadé, art. 783, n° 3.
— MM. Duranton, t. VI, n° 462, et Demolombe, t. II, n° 822, font dériver
la lésion dont parle l'art. 783 de l'obligation *ultra vires* de l'acceptant
envers les légataires, à laquelle ils le prétendent soumis. »

ne pouvait prévoir, donc il est lié, donc son accép-
tation qui a été amenée par l'erreur dans laquelle il
devait nécessairement tomber, doit être annulée.

Il ne faudra pas que donataire du *de cujus*, il ait à
souffrir de l'obligation au rapport, à laquelle il s'était
volontairement soumis, parce qu'antérieurement à la
découverte de ce testament qui vient le dépouiller, il
était avantageux d'accepter. Il ne faudra pas, par
exemple, qu'en présence d'un actif de 40,000 francs,
il ait à payer un légataire gratifié d'un legs de plus de
20,000 francs, et qu'il demeure obligé par une acceptation faite dans un temps où le droit du réclamant lui
était totalement inconnu. Qu'arriverait-il, en effet, si
après avoir acquitté le legs, il se présentait des créanciers dont la poursuite serait dirigée sur ses biens personnels après avoir épuisé les biens héréditaires?
Attaqué dans sa fortune, ruiné peut-être, il pourrait ne
lui rester qu'un recours impuissant contre des légataires
qui auraient dépensé les sommes léguées.

Il faut convenir que lorsque le *de cujus* a fait une
donation, a consenti une vente, l'héritier ne peut invoquer la plupart du temps son ignorance.

Des témoins ont été appelés, un officier public
a présidé à l'accomplissement de ces divers actes qui
ont eu assez de retentissement pour qu'il ne puisse
prétendre ne pas en avoir eu connaissance au jour de
l'adition. Mais si nous supposons une donation ou une
vente faite avec réserve d'usufruit, que ni l'une, ni
l'autre n'aient été transcrites, que de longues années se
soient écoulées depuis, dirons nous que, dans ce cas,
l'héritier ne pourra pas réclamer le bénéfice de l'arti-

cle 783 ? Assurément il trouvera un argument en sa faveur dans la loi du 23 mars 1855.

Il ne demande pas que la vente ou la donation non transcrite soient annulées, mais il demande à être relevé d'une acceptation qu'il a faite dans l'ignorance causée par le donateur ou le vendeur lui-même qui a négligé de remplir des conditions de publicité imposées pour rendre valables ces actes à l'égard des tiers. Nous ne dirons pas, avec M. Bugnet, que le droit du donataire devra tomber sur la demande de l'héritier opposant le défaut de transcription, mais nous croyons que ce dernier devra être garanti par les biens donnés de la poursuite des créanciers héréditaires (1).

La position de l'héritier n'est-elle pas aussi malheureuse, aussi digne d'intérêt, lorsque des créances cachées jusqu'au jour de l'acceptation surgissent, aussitôt qu'elle est accomplie, menaçant d'absorber ses biens personnels avec la succession ? Voilà cet héritier que la veille encore tous félicitaient sur son riche héritage et qui se voit de tous côtés menacé par des créanciers qui avaient attendu, pour produire leurs créances, le moment où trompé par une apparence de fortune il serait enchaîné à l'hérédité. Quand M. Réal proposa de permettre à l'héritier de revenir sur sa détermination, lorsque la découverte de dettes inconnues au jour de son acceptation excéderaient de plus de moitié les valeurs héréditaires, M. Tronchet répondit que l'admission de cette cause de rescision, basée cependant sur

(1) Notes sur Pothier, t. VII, p. 380, art. 27 de l'ordonnance de 1731. — Lebrun, liv. III, ch. I, n° 44.

l'équité, entraverait la marche des affaires, que d'ailleurs le bénéfice d'inventaire était un asile assuré contre les fâcheuses conséquences d'une acceptation pure et simple (1).

Le tribunal de Cassation proposa d'assimiler à la découverte d'un testament après l'acceptation l'annulation d'actes non attaqués au moment où l'héritier acceptait (2).

En présence du texte aussi formel de l'art 783 et de la discussion qui s'engagea au Conseil d'Etat, il est impossible de permettre à l'héritier d'invoquer d'autres causes de rescision que celles qui sont énumérées. Quels que soient les événements survenus après l'acceptation, qui vont changer peut-être une succession opulente en une source de ruine, la poursuite *ultrà vires* sera rigoureusement exercée. On ne peut que regretter cette excessive sévérité du législateur et émettre le vœu de voir introduire dans l'art. 783 les causes de rescision qui furent proposées par M. Réal et le tribunal de Cassation. N'eût-il pas été plus juste d'autoriser l'héritier à demander un délai pendant lequel les créanciers héréditaires auraient dû produire leurs titres? Ce temps accordé étant écoulé sans production de créance, ceux en vers lesquels le défunt s'était obligé n'auraient pas perdu leur droit sur les biens héréditaires, mais ils auraient perdu leur droit de poursuite sur le patrimoine de l'héritier. On dira peut-être qu'il peut arriver que des créanciers ignorent le décès du *de cujus*. Cette

(1) Séance du Conseil d'État du 9 nivôse an XI, p. 45, 46. Fenet, t. XII.
(2) Fenet, t. II, p. 569.

déchéance ne frapperait pas ceux qui justifieraient de l'impossibilité dans laquelle ils se seraient trouvés de produire dans le délai fixé.

Le texte dit : l'héritier majeur (843) ; donc, ont prétendu certains auteurs, le mineur ne peut l'invoquer. En effet, allègue M. Chabot, ne pouvant accepter que sous bénéfice d'inventaire (461), il ne peut, dans aucun cas, souffrir de cette lésion sur laquelle est basé le droit de rescision. Ce savant jurisconsulte, comme le fait remarquer son annotateur, M. Belost-Jolimont, ne songeait pas, en émettant cette opinion, à l'obligation au rapport que l'art. 843 impose à tous les héritiers indistinctement. Il est bien évident que le mineur ne peut éprouver un préjudice par l'application d'une mesure tutélaire (1).

Quelques auteurs, pour expliquer cette exclusion du bénéfice de l'art. 783 qu'ils admettent comme M. Chabot, mais pour des motifs différents, enseignent que le mineur trouvera toujours dans l'art. 1305 une ressource certaine contre les résultats de son acceptation (2).

Si on adopte cette interprétation de l'art. 783, on est obligé de reconnaître la parfaite inutilité des art. 461 et suivants, dans tous les cas où l'acceptation entraînera une lésion contre le mineur. On ne peut croire que le législateur ait prescrit des formes conservatrices, imposé des conditions nombreuses aux représentants des pupilles et qu'il ait permis ensuite l'annulation des actes

(1) Chabot. Success. t. II, p. 87. Observ. de Belost-Jolimont, art. 783.
(2) Toullier, t. IV, Succ., n° 535.

faits après l'accomplissement des mesures imposées (1).

Le mineur peut être considéré à deux points de vue différents : au premier nous le trouvons ayant sans cesse à côté de lui le tuteur, ce protecteur qui doit veiller toujours à la conservation de ses intérêts, qui agit pour sauvegarder ses droits, améliorer sa fortune, tantôt seul, tantôt avec l'autorisation du conseil de famille. Dans certains cas même l'intervention du tribunal est nécessaire. Tous les actes qu'il accomplira avec les formalités requises seront considérés comme émanant d'un majeur. Dans cette situation lui refusera-t-on le bénéfice de l'art. 783, comme le prétend M. Chabot, ou lui permettra-t-on de recourir à l'art. 1305, comme l'enseigne M. Toullier? Les deux opinions me paraissent aller contre le vœu du législateur. Donataire du *de cujus* il peut, si on admet la première, éprouver un préjudice considérable; tandis que dans la seconde, les tiers peuvent subir des pertes par la concession de trop grands avantages.

Au second point de vue nous voyons le mineur échappant à la surveillance de son tuteur, rejetant cette tutelle qui est sa sauvegarde, s'engageant avec des personnes qu'il trompe sur son âge, ou qui espèrent tirer profit de son inexpérience. Les actes qu'il accomplira seront frappés de nullité. Il est certain qu'il lui sera parfaitement inutile de s'appuyer sur l'art. 783, pour faire rescinder une acceptation qu'il aurait faite.

Pourquoi le législateur eut-il parlé du mineur dans

(1) Arrêt de la Cour royale de Rennes. Cour de Cassation rejetant le pourvoi, 8 déc. 1838. (*J. du Palais.*, t. 110, p. 617.)

l'art 783. Dans aucun cas il n'a à accepter une succession. Son représentant seul a droit de faire l'adition,
qui est inattaquable s'il a rempli les conditions prescrites dans les art. 461 et suivants. Si ce tuteur a été
victime du dol ou de la violence, s'il a été égaré par
l'ignorance dans laquelle il se trouvait de l'existence
d'un testament, je ne puis voir en lui qu'un majeur auquel il est pleinement permis de demander la rescision
d'un engagement pris assurément par lui, quoiqu'au
nom de son pupille.

Il est difficile, en lisant les art. 1109 et 1110, de
croire que le législateur ait voulu en défendre l'application aux acceptations de succession. Une hérédité
s'ouvre : elle se compose d'un immeuble que tout le
monde croyait être la propriété du défunt. L'héritier qui
l'a vu dans les mains de son auteur, qui le retrouve à son
décès dans sa possession et qui partage l'opinion générale, n'ayant aucun motif de croire à une mutation antérieurement opérée, accepte. Ce consentement qu'il vient
de donner, basé sur une erreur, est-il valable? N'est-ce
pas violer ouvertement l'art. 775 que de le déclarer
lié? Une personne contracte un engagement, si peu important qu'il puisse être, et si elle prouve que l'erreur
dont elle se prétend victime « tombe sur la substance
même de la chose qui en est l'objet (1110), » elle sera
entièrement affranchie de l'obligation ; et dans une matière où la manifestatation de la volonté est plus impérieusement exigée que dans toute autre, on viendrait
refuser à l'héritier l'application des lois tutélaires dictées
par l'équité!

Je suppose qu'un individu se soit emparé d'un immeuble. Le propriétaire reste dans l'inaction, soit qu'il se trouve éloigné, soit qu'il ignore ses droits. L'héritier de l'usurpateur accepte sa succession. Bientôt il découvre la spoliation et s'aperçoit, en même temps, que peu de jours le séparent du moment où la prescription va le mettre à l'abri de toute revendication. Assurément il est obligé à la restitution par la probité. Mais des créanciers le pressent. Cet immeuble lui permet de les désintéresser. Il n'a accepté que parce qu'il croyait qu'il appartenait à l'hérédité. S'il obéit à la voix de la justice, pourra-t-on prétendre que son acceptation est définitive, irrévocable; et que sa fortune personnelle, livrée aux poursuites *ultra vires*, sera le prix de l'accomplissement de cet acte d'équité?

La découverte d'un testament inconnu au moment de l'acceptation et causant à l'héritier la lésion fixée pour la rescision, l'accomplissement de manœuvres frauduleuses ou de violences dirigées contre le successible, n'entraînent l'annulation de l'engagement que lorsque celui qui prétend en avoir souffert en a fourni la preuve devant le tribunal saisi de sa demande.

Il est bien évident que si l'héritier laisse passer de longues années sans se plaindre, c'est qu'il a renoncé tacitement au droit de revenir sur son acceptation. Pendant que M. Demolombe (1) soutient que son action doit être prescrite par l'expiration du délai déterminé par l'art. 1304, M. Marcadé (2) prétend que la règle générale (2262) doit être appliquée dans ce cas; l'article

(1) Demolombe, Succ. t. II, n° 888.
(2) Marcadé, art. 783, n° 7.

cité ne s'occupant que de l'action en nullité ou en rescision d'une convention.

Quand l'acceptation est rescindée, l'héritier est réin-
tégré dans la position où l'avait placé la loi même au
décès du *de cujus*. La saisine reste toujours sur sa tête,
mais révocable à sa volonté. Ce droit d'option qu'il
avait exercé, mais dans des conditions où sa liberté
était paralysée, lui est rendu aussi complet que s'il n'a-
vait pris déjà aucun parti. Ses créances contre le défunt,
éteintes par confusion, du moins en apparence, revivent.
S'il renonce ou s'il se porte héritier bénéficiaire, il
pourra à son rang en réclamer le paiement (1). Si avant
la découverte des faits qui ont entraîné la rescision il
a payé des créanciers héréditaires, il aura le droit
d'agir en répétition contre eux et de se faire rembourser.
Il aura, en effet, payé ce qu'il ne devait pas (1377) (2).

Quels sont les moyens donnés aux créanciers et aux
légataires pour faire reconstituer la masse héréditaire?
Ils ne pourront reprocher à l'héritier le défaut de confection d'un inventaire, puisqu'acceptant pur et simple,
il n'était pas assujetti à l'accomplissement d'une formalité inutile. Mais on devra les autoriser à recourir à
toute espèce de preuve, à faire entendre des témoins,
à employer enfin tous leurs efforts pour rétablir la
succession dans sa consistance primitive. Le tribunal
appréciera l'importance des allégations présentées par
les personnes appelées devant lui, et des preuves four-

---

(1) Chabot, Succ., t. II, p. 85, art. 783. Demolombe, Succ., t. II,
nº 559.

(2) Arrêt de la Cour de Cassation du 5 décembre 1858. *J. du Palais*,
t. 110, p. 617.

nies. Dans ces circonstances plus que dans toutes autres, l'héritier pourra tromper les divers intéressés en
détournant une partie de leur gage resté dans ses mains
pendant longtemps et sans surveillance, sans constata-
tion de son étendue. La crainte d'encourir la pénalité
prononcée par l'art. 792 contre tout successible coupable de dissimulation frauduleuse d'objets héréditaires,
pourra comprimer sa mauvaise foi.

Quelques jours se sont écoulés depuis l'acceptation,
avant que l'héritier ait découvert le piége qui lui avait
été tendu par des créanciers ou des légataires ; pendant
ce temps, placé à la tête de la succession, il a géré en
maître, il a disposé de certains objets, il a traité avec
des tiers. Assurément, ces divers actes doivent être à
l'abri de la rescision. Décider autrement, serait entra-
ver la marche des affaires ; les contractants pourraient
toujours redouter ces causes d'annulation de l'art. 783,
admises en faveur de l'héritier victime d'un dol ou d'une
violence, ou de la découverte d'un testament, mais qu'on
ne saurait sans injustice évidente faire tourner contre
les tiers de bonne foi. Lebrun disait : « que l'on devait
régulièrement, dans les restitutions, entretenir ce qui
s'est fait de bonne foi (1). »

_____

(1) Lebrun, livre III, chap. 1, n° 43.

Des droits des créanciers en présence de leur débiteur qui renonce (art. 788).

Aussitôt que la succession s'est ouverte, l'héritier est devenu propriétaire des biens qui la composent. Le gage de ses créanciers, indépendamment de sa volonté, peut-être même à son insu puisqu'il peut ignorer le décès du *de cujus*, s'est augmenté. Il peut sans doute rejeter cette hérédité dont il est saisi, mais ses créanciers ne pourront être privés par une renonciation préjudiciable de cet accroissement de fortune qui assure le paiement de leurs créances (1). L'art. 788 a été promulgué pour mettre leurs intérêts à l'abri des manœuvres frauduleuses ou de l'incurie de leur débiteur. Les dispositions qu'il contient sont exclusivement en leur faveur, et il est imposible d'aller chercher des arguments pour diminuer le droit qu'il crée à leur profit dans d'autres articles étrangers complétement au chapitre des Successions et régissant des situations différentes. M. Toullier, basant son opinion sur l'article 1464, veut que

---

(1) En Droit romain, l'héritier qui renonçait était à l'abri de toute poursuite de la part des ses créanciers. Il n'aliénait pas une partie de ses biens; il omettait d'acquérir « *qui repudiavit hereditatem, non est in eâ causâ ut huic edicto locum faciat.*

Notre ancienne jurisprudence rejeta cette disposition des lois romaines et autorisa les créanciers à se faire subroger aux droits de leur débiteur renonçant. Pothier, des Succ., chap. III, section III, § 3; — Furgole, des Testam., chap. X, section II, n° 48.

les créanciers, pour obtenir la rescision, prouvent que l'héritier a renoncé pour les frauder « *consilio et eventu* » (1). Je crois qu'il est parfaitement inutile de réfuter cette opinion et qu'il suffit de lire l'art. 788 qui n'exige, pour l'admission de la demande d'annulation, que la preuve du préjudice (2). Obliger les créanciers à fournir la preuve de la fraude, serait rendre l'art. 788 inapplicable dans la plupart des cas. Comment, en effet, pourraient-ils connaître les arrangements secrets passés entre le renonçant et ses cohéritiers?

Non-seulement l'héritier est devenu totalement étranger à la succession, par la renonciation (785), mais encore ses cohéritiers ont immédiatement acquis, par le seul effet de la loi, la part répudiée (786).

Trompé sur les forces héréditaires qu'il croit absorbées par les dettes, l'héritier répudie. Ses créanciers plus éclairés demandent à la justice la rescision de cette répudiation qui leur porte préjudice et sont autorisés à accepter du chef de leur débiteur. L'art. 788, base de leur droit, limite leur acceptation à l'acquittement de leurs créances et déclare que le renonçant ne doit pas en profiter. Les termes de cet article sont formels. L'annulation de la renonciation ne fait nullement sortir l'héritier de la situation dans laquelle il s'est volontairement placé (785). Je crois, par conséquent, que l'on ne

---

(1) Toullier, t. VI, p. 448.

(2) « La fraude du renonçant qui suppose à la fois *consilium et eventus*, ne doit pas être exigée pour que les créanciers puissent attaquer la renonciation..... il doit suffire que, en résultat, elle leur soit préjudiciable. (Obser. du trib. de Cass., Fenet, t. II, p. 140 et 569).

peut refuser aux cohéritiers le droit de recourir contre lui jusqu'à concurrence des sommes héréditaires prises par les créanciers. S'il en était autrement, il profiterait de la rescision de sa renonciation beaucoup plus que ceux-là même en faveur de qui elle est autorisée. Par l'exercice de leur droit, ils n'ont en effet obtenu que le paiement de ce qui leur était dû (788), tandis que l'héritier augmenterait sa fortune par l'acquittement de ses dettes qu'il ne peut assurément pas payer avec des biens que l'art. 786 a déjà placés dans les mains de ses cohéritiers (1).

Il ne faut pas qu'en présence d'une succession notoirement insolvable, les créanciers de l'héritier puissent attaquer sa renonciation justifiée par les dettes héréditaires. Aussi a-t-on subordonné l'obtention de la rescision à une autorisation préalable du tribunal. La renonciation ayant pour cause l'insolvabilité du *de cujus*, inflige à sa mémoire une sorte de flétrissure que celui qui répudie désire cacher. Il renonce parce que sa fortune personnelle serait gravement compromise, peut-être même ruinée par son engagement *ultrà vires*; mais cependant il éprouve, à laisser exposer à des attaques publiques le nom du défunt, des sentiments de douleur qui ne doivent pas être ainsi aggravés à la légère par l'intervention inqualifiable, dans l'espèce citée, de tous ses créanciers.

Les tribunaux saisis de la demande, devront donc refuser l'autorisation toutes les fois que la succession

---

(1) Zacharie, Aubry et Rau, t. V, p. 175. — Toullier, t. II, n° 349, note 1. — *Contrà* Demolombe, Succ. t. III, n° 89.

sera réellement mauvaise (1). La poursuite en rescision pourra toujours être arrêtée par les héritiers acceptants qui offriront de désintéresser les créanciers (841).

On a dit que les créanciers avaient le droit d'attaquer l'acceptation faite par leur débiteur d'une hérédité grevée de charges. On ajoute que si l'art. 788 ne parle que de la renonciation, c'est parce qu'elle n'était pas révocable en Droit romain, sur le motif que les créanciers ne pouvaient attaquer les actes par lesquels leur débiteur manquait d'augmenter son patrimoine. Je crois qu'il faut chercher l'explication en dehors des souvenirs historiques.

L'acceptation d'une succession onéreuse doit tomber devant l'art. 1167 dans le cas qu'il prévoit. Il était inutile de répéter aux successions cette disposition générale. Si on a consacré un article spécial aux renonciations, c'est parce qu'on a voulu s'écarter de l'art. 1167, en permettant aux créanciers d'en poursuivre l'annulation toutes les fois qu'elle leur causerait un préjudice, sans les astreindre à fournir la preuve de la fraude.

(1) Chabot, Succ., t. II, art. 788 p. 110. *Contra*, Belost-Jolimont, t. p. 113, Obs. 2.

M. Chabot prétend que les tribunaux ont le droit de s'opposer à l'acceptation des créanciers toutes les fois qu'elle ne devrait produire d'autres résultats que de rendre plus difficile et plus dispendieuse la liquidation de l'hérédité. M. Belost-Jolimont répond que la liquidation étant toujours indispensable pour que les tribunaux puissent autoriser ou refuser, l'opinion de M. Chabot n'est pas admissible.

Mais ne peut-il pas se présenter des cas où l'hérédité apparaît à tous les yeux criblée de dettes, où le doute sur l'insolvabilité de la succession n'est pas possible? M. Demolombe, Succ. t. III, n° 81, dit que l'intérêt des créanciers s'oppose à ce qu'ils demandent la rescision de la renonciation dans ces circonstances. Mais ne peut-on pas admettre le cas où le créancier agirait ainsi pour quelque motif de vengeance contre un débiteur?

Un héritier peut être déterminé à accepter une suc-
cion mauvaise parce que le défunt était son bienfaiteur,
son ami ; un fils veut mettre la mémoire de son père à
l'abri du déshonneur qui s'attache à l'insolvable. Devant
eux ils ont de longues années, qui leur permettront
de payer les dettes héréditaires. Pouvait-on, par
la seule preuve du préjudice, les empêcher d'accomplir
une obligation morale alors qu'ils n'agissent que sous
l'influence du devoir et de l'amitié ? D'ailleurs, comment
les créanciers pourraient-ils l'établir ? Le jour où ils
ont contracté envers eux leurs dettes, ont-ils renoncé à
en faire de nouvelles jusqu'au moment de leur complète
libération ?

Quand l'héritier renonce, au contraire, à une succession lucrative, il se dépouille sans motifs qui expliquent
cet inqualifiable abandon. Il diminue volontairement et
sans cause avouable le gage de ses créanciers. Il leur
fait éprouver un préjudice sans retirer aucun profit,
sans pouvoir, comme dans le cas d'acceptation, alléguer
l'accomplissement d'une obligation morale. S'il y trouve
un avantage, ce ne peut être que par l'emploi de manœuvres dolosives.

Quoique agissant au nom de leur débiteur, quoique
placés par la loi en son lieu et place, les créanciers ne
deviennent pas héritiers et ne sont nullement obligés,
pour se garantir des conséquences d'une acceptation
pure et simple, d'accepter sous bénéfice d'inventaire (1).
C'est en leur qualité de créanciers qu'ils prennent part

---

(1) *Contrà*, opinion de Chabot présentée sous forme dubitative. Succ.,
t. II, p. 112.

aux opérations concernant le partage et à la liquidation de la succession (1). Quand toutes les charges dont l'hérédité était grevée sont acquittées, ils prennent, jusqu'à concurrence de ce qui leur est dû, les valeurs qui sont restés libres. Il est évident que si avant de se mettre en possession ils n'ont pas fait constater dans un inventaire les choses qu'ils auront prises, ils pourront se voir condamnés à payer, sur la poursuite des intéressés, les valeurs héréditaires telles qu'elles seront établies. Dans ce cas, les héritiers auront le droit d'invoquer toute espèce de preuves, même la commune renommée.

Que dire dans l'espèce prévue par l'art. 790? Un héritier en renonçant ne s'est pas dépouillé entièrement de son droit à l'hérédité. Il peut, en effet, revenir sur son premier parti tant que l'héritier du degré subséquent n'a pas accepté. La répudiation n'est définitive qu'à partir de ce moment. L'art. 788 s'applique-t-il à ce cas? Les créanciers pourront-ils, avant de savoir s'il persiste dans sa détermination, demander l'annulation d'un acte qui n'est peut-être que provisoire? Pourront-ils alléguer le préjudice?

Il pourrait arriver que les héritiers des degrés subséquents acceptent la succession répudiée après que les créanciers auront obtenu la rescision. Ne devrions-nous pas considérer les créanciers comme mandataires tacites de leur débiteur, et comme l'ayant mis à l'abri de la déchéance de l'art. 790? Il me paraîtrait bien rigoureux d'appliquer dans cette espèce l'art. 788, d'autoriser, par exemple, les acceptants postérieurs à l'annula-

(1) Demolombe, Succ., t. III, n° 84

tion de la renonciation du premier héritier, à recourir contre ce dernier pour obtenir le paiement des sommes héréditaires payées à ses créanciers. L'art. 1166 leur permet d'exercer « tous les droits et actions de leur débiteur. » Dans cette circonstance, c'est cet article auquel ils devront faire appel et non l'art. 788.

Le légataire acquiert du jour du décès un droit à la chose léguée purement et simplement (1014). S'il renonce, ses créanciers pourront-ils faire annuler sa renonciation? Assurément oui si sa détermination a pour cause la fraude. Ils ne pourront invoquer l'art. 788 qui est une dérogation à l'art. 1167 et qui ne saurait être étendue au-delà de ses termes. Nous devons donc revenir à la règle générale et n'admettre la rescision que tout autant qu'ils prouveront le préjudice et la fraude.

La loi a frappé d'indisponibilité une portion des biens en faveur de certaines personnes. Malgré les dispositions entre-vifs ou testamentaires que le défunt a pu faire, les réservataires ont le droit de la revendiquer et de la recueillir à titre d'héritier. Une personne hérite. La succession ouverte à son profit est excellente. Elle a cependant le droit de la répudier. L'art. 788 ne le lui a pas enlevé; mais tout en maintenant sa renonciation, il a, comme nous venons de le voir, autorisé ses créanciers à la faire annuler jusqu'à concurrence de leurs créances. Sans accorder aux réservataires un droit aussi étendu, ne devrons-nous pas leur permettre, au jour du décès du renonçant, de poursuivre le paiement de leur réserve sur des biens gratuitement abandonnés (930)?

Exceptions à la règle : nul n'est héritier qui ne veut.

(Art. 792-801.)

A côté de l'héritier investi de tous les biens héréditaires, nous trouvons des créanciers et des légataires dont les droits doivent être sauvegardés. Le successible eût pu facilement abuser de la position dans laquelle la loi elle-même le place au décès du *de cujus*, pour diminuer par des détournements le gage des divers intéressés, et répudier ensuite pour se soustraire aux conséquences de l'acceptation. Il fallait donc que le législateur prévînt par une sanction sévère les manœuvres dolosives auxquelles eussent pu se livrer les héritiers de mauvaise foi, si la crainte d'une pénalité ne les eût arrêtés. De là la disposition de l'art. 792, qui déclare héritier pur et simple celui qui divertit ou recèle des effets de la succession et lui enlève, en outre, dans le cas où il a des cohéritiers, tout droit sur les choses volées ou diverties.

Condamné pour avoir accompli un des faits prévus par l'art. 792, le successible est définitivement lié à l'hérédité, obligé envers les créanciers comme s'il avait volontairement accepté. Continuateur forcé de la personne du *de cujus*, il pourra voir son patrimoine disparaître sous l'effet de la poursuite *ultra vires* prononcée contre lui. Voilà donc un héritier nécessaire, puisque sa qualité lui est imposée comme châtiment de la fraude qu'il a commise lorsqu'il était saisi de la masse héréditaire.

Assurément, par la déchéance du droit de renoncer encourue par tous les successibles qui divertissent ou recèlent, l'art. 792 peut efficacement protéger les biens qui composent l'hérédité. Mais cette pénalité destinée à arrêter les soustractions frauduleuses, est-elle suffisante dans tous les cas et ne peut-il pas se présenter des circonstances dans lesquelles elle n'aura aucune influence sur la détermination de ceux contre lesquels elle sera dirigée? Ne peut-on pas, en présence d'héritiers dont la situation peut être si différente, lui reprocher d'être inégale? L'héritier opulent a tout à craindre de la poursuite *ultra vires* prononcée contre lui, et s'il reste sourd à la voix de l'équité, de la justice, il ne sera probablement pas insensible à la crainte d'engager ses biens personnels. Mais l'héritier insolvable est-il retenu par l'art. 792? N'est-ce pas une vaine menace contre celui qui n'a aucune fortune sur laquelle les créanciers lésés puissent exercer leur action? Le mineur n'aura rien à redouter lorsqu'il n'aura pas de cohéritiers (461).

On peut se demander si l'héritier condamné dans les circonstances prévues par l'art. 792, conserve le droit d'exiger la réduction des legs comme excédant la quotité disponible, ou si, au contraire, ceux qui ont reçu des libéralités du défunt, peuvent repousser sa demande sur ce motif : que sans le détournement la quotité eut été suffisante pour le paiement intégral (1). Il suffit de

(1) Cour de Cassation, le 16 janvier 1821, *J. du Palais*, t. LX, p. 856. Opinion de M. Belost-Jolimont, sur Chabot, Succ., t. II, p. 159.

lire l'art. 792 pour ne pas adopter cette opinion. L'héritier, dit-il, qui aura diverti ou recélé, sera condamné
comme héritier pur et simple. Or, l'héritier pur et
simple n'est pas tenu *ultra vires*, sur ses biens personnels, des legs que le disposant a faits. Il peut arriver
que les légataires aient à souffrir de dissimulations
frauduleuses; aussi pourront-ils avoir recours à toute
espèce de preuve, par titres, par témoins, par commune renommée, pour reconstituer la masse héréditaire,
seule débitrice des libéralités qu'ils réclament. En déci-
dant autrement, on étend arbitrairement la pénalité
de l'art. 792.

Après avoir soustrait un effet de la succession, l'héritier renonce. Les créanciers font déclarer la nullité
de cette renonciation et le poursuivent comme acceptant pur et simple. Ses cohéritiers, qui espéraient tirer
profit de cette répudiation, ont-ils le droit, en désin-
téressant les poursuivants, de s'opposer à l'annulation de
cette répudiation avantageuse pour eux?

Que s'est-il passé? L'héritier qui a diverti ou qui a
recélé a agi en maître, a fait acte d'héritier, et par conséquent a accepté tacitement. Sa renonciation intervenant après, ne peut exercer d'influence sur son premier
acte dont l'irrévocabilité n'a reçu d'atteinte que dans
l'art. 783.

Que décider dans le cas où un héritier détournerait
un objet héréditaire postérieurement à sa renonciation,
et que l'héritier du degré subséquent accepterait, si
les créanciers, apprenant le vol commis, le poursuivent
en vertu de l'article 792 et le font condamner? Pourra-
t-il, s'appuyant sur sa condamnation qui le déclare héri-

tier pur et simple, venir dépouiller celui qui a légitime-
ment accepté? Ne serait-il pas inique qu'il pût, dans
cette circonstance, profiter de son larcin?

L'article 790 reconnaît à l'héritier qui a renoncé le
droit de revenir sur cette détermination et d'accepter la
succession, pourvu qu'il n'ait pas été devancé par l'héritier du degré subséquent. Assurément on ne saurait
considérer comme une acceptation, une fraude clan-
destine que le hasard seul a fait découvrir. Lorsque
l'article 792 impose le titre d'héritier à celui qui a
diverti ou recélé, c'est une punition qu'il inflige, une
sorte de pénalité dont il frappe le délinquant. L'article
790, au contraire, confère à l'héritier renonçant un
avantage. Le législateur n'a pas voulu que pendant que
l'hérédité était encore sans maître, celui qui en était
saisi naguère, celui à qui elle appartenait de plein
droit, fût définitivement dépouillé, parce qu'il avait
agi trop précipitamment. Si l'on voulait que l'acceptation forcée de l'art. 792 produisît les résultats que
procure l'acceptation volontaire de l'art. 790, on arri-
verait à changer dans ces circonstances une pénalité
méritée en un injustifiable privilège. Il faut ajouter,
en outre, que l'art. 792 n'a été promulgué que dans
l'intérêt des créanciers et des cohéritiers, et qu'il ne
peut donc être invoqué que par eux seuls.

Le *de cujus* ayant renoncé à la succession, ses héritiers conservent-ils le droit, malgré la répudiation de
leur auteur, d'accepter la succession que l'héritier
du degré subséquent n'a pas encore accepté? Un doute
pourrait naître à la lecture de l'article 781, qui semble
ne parler que de celui qui est décédé sans avoir répudié

ni accepté tacitement ou expressément. Prononcer l'exclusion du bénéfice de l'art. 784 contre les héritiers du renonçant, serait certainement aller contre le texte de l'article 724 qui saisit les héritiers de tous les droits et actions du *de cujus*. Or, malgré la répudiation, le droit d'accepter n'était pas éteint, si la prescription de l'art. 789 n'était pas accomplie, ou si l'héritier subséquent n'avait pas encore usé de la faculté que lui accorde l'art. 790 ; donc, il est transmis avec l'hérédité aux successibles.

L'héritier qui renonce devient complètement étranger à la succession. Sa détermination est définitive lorsque le droit de revenir sur son premier parti lui est enlevé. Si dans ces circonstances il divertit ou recèle, il est certain qu'on ne pourra voir dans ces faits que des délits entraînant contre lui les poursuites pénales, à moins qu'il ne se trouve dans les exceptions prévues par l'art. 380 du Code pénal.

Antérieurement à la mort du *de cujus*, l'héritier avait dérobé certains objets. La succession s'ouvre, et il renonce. Il ne restitue pas les choses volées. L'art. 792 doit-il lui être appliqué ? Assurément oui, parce que le vol n'avait pu faire que les objets enlevés aient cessé d'appartenir au *de cujus*. Malgré le recel, malgré le divertissement, ce sont des effets de la succession(1).

M. Demolombe (2) enseigne que le successible condamné comme héritier pur et simple ne peut avoir recours à l'art. 783 ; mais les motifs qu'il donne sont

(1) Arrêt de la Cour de cassation du 8 avril 1832. J. *du Palais*, t. 98, p. 340. — Demolombe, Succ., t. II, n° 486.

(2) Demolombe, Succ., t. II, n° 471.

loin de justifier cette opinion rigoureuse qui ne trouve d'ailleurs aucune base dans les textes. Les pénalités, en effet, ne se suppléent pas. L'art. 783 offre la voie de la rescision à tous les héritiers trompés ou lésés sans distinction.

Les créanciers de l'héritier peuvent s'opposer à une acceptation faire en fraude de leurs droits (1167). Que décider dans le cas où leur débiteur est condamné pour avoir diverti ou recélé des effets appartenant à une succession onéreuse? L'article 792 devra-t-il le frapper à leur détriment? Les créanciers héréditaires pourront-ils poursuivre le paiement de leurs créances sur des biens destinés à acquitter les obligations personnelles de l'héritier? Ne pourrait-on pas dire à ceux qui admettraient la prononciation de la pénalité dans toute sa rigueur contre le délinquant, qu'il serait toujours facile, en suivant leur opinion, à l'héritier de faire supporter à ses créanciers les résultats de l'acceptation pure et simple, en divertissant un objet héréditaire? Celui qui voudrait porter préjudice à ceux envers lesquels il est obligé, se garderait bien d'accepter dans les formes énumérées dans l'art. 778, puisque son quasi-contrat viendrait tomber devant l'art. 1167; mais il commettrait un vol qui entraînerait la pénalité de l'art. 792. Dans l'étude de cette question, nous ne devons pas oublier que nous nous trouvons en présence de deux classes d'intéressés : l'une a l'hérédité pour gage de ses créances, l'autre le patrimoine personnel de l'héritier. En faveur des deux ont été créés des bénéfices pour la conservation de leurs droits respectifs : l'un est écrit dans l'art. 1167, l'autre dans l'art. 792. Ces dispositions tutélaires doivent pouvoir être également invoquées lorsque les intérêts qu'elles sont appelées à sauvegarder sont menacés.

Antérieurement au décès, l'héritier a reçu clandestinement des libéralités du *de cujus*. Ces donations faites dans le but de diminuer la réserve, sont évidemment atteintes par l'art. 920. Si, dans l'espérance que la fraude ne sera jamais découverte, il conserve ces biens qui devaient former la réserve, sera-t-il passible de la peine portée par l'art. 792, ou simplement soumis à l'action en réduction de l'art. 921 ? Au jour de l'ouverture de la succession, les donations qui excèdent la quotité disponible sont nulles. Les biens qui la composent appartiennent donc à l'hérédité. Le successible qui les divertit, qui les recèle, n'est-il pas le coupable prévu et puni par l'art. 792, et ne doit-il pas être condamné comme héritier pur et simple ?

Grâce au bénéfice d'inventaire, l'héritier reste à la tête de la succession sans confondre ses biens personnels avec les biens qui la composent, conservant ses créances contre elle si le défunt était son débiteur, ayant, en un mot, tous les avantages de l'acceptation pure et simple, sans avoir à redouter les inconvénients qu'elle peut entraîner. Pour conserver cette position si favorable, il ne doit pas dépasser les limites de cette espèce de mandat légal qui lui est donné. Le législateur a bien voulu qu'il pût trouver un refuge dans l'acceptation bénéficiaire, mais il devait une égale sollicitude aux créanciers qui eussent été trop exposés par l'autorisation accordée à l'héritier d'une immixtion sans garantie. L'art. 804 déclare que si l'héritier détourne ou omet sciemment et de mauvaise foi de comprendre dans l'inventaire des effets de la succession, le bénéfice disparaîtra, et l'art. 792 l'enchaînera à cette hérédité qu'il a frauduleusement administrée. Que ce soit pendant le cours de l'inventaire, ou après la fin des opérations, s'il s'aperçoit d'une omission, il doit s'empresser de la réparer en la signalant. Son oubli, qui n'était pas punissable puisqu'il était involontaire, deviendrait une faute contre laquelle serait prononcée la pénalité de l'art. 801.

Le mineur même émancipé ne peut, dans aucun cas, encourir la déchéance, puisqu'il ne peut accepter que sous bénéfice d'inventaire. A un âge où la volonté cède à la moindre insinuation, il eut, en effet, difficilement échappé aux fraudes des divers intéressés. Mais il sera assurément privé des objets qu'il aura divertis ou recélés lorsqu'il aura des cohéritiers et qu'il sera *doli capax* (1310) (1).

L'art. 801 ne prononce pas contre le bénéficiaire qui recèle ou qui divertit, la peine portée dans l'art. 792. Doit-on conclure qu'elle n'est pas encourue dans ce cas? M. Chabot trouve non-seulement les mêmes motifs pour conclure à son application, mais encore il voit dans la fraude commise par cet héritier, qui, chargé de l'administration des biens héréditaires, s'était engagé à les conserver, une circonstance aggravante (2). Indépendamment du vol commis, il y a violation de cette promesse faite aux créanciers et aux légataires d'administrer fidèlement la succession. Comment, dès-

(1) Bordeaux, 2 décembre 1840.
(2) Chabot, Succ., art. 801, t. II, p. 181.

lors; croire que le législateur ait voulu le frapper d'une
peine moins forte, quand on reconnaît que la faute dont
il s'est rendu coupable est plus grande?

Après l'expiration du temps fixé pour la délibération
et la confection de l'inventaire, le successible peut encore obtenir des délais, s'ils sont jugés nécessaires (798).
Il peut, s'il le veut, accepter purement et simplement,
ou bénéficiairement. Mais cette position si favorable est
remplacée par l'engagement irrévocable qui lie l'héritier pur et simple à la succession, s'il accomplit un
acte de maître tacitement ou expressément; s'il divertit ou recèle; enfin, s'il est condamné comme héritier
par un jugement passé en force de chose jugée (800).

De vives controverses se sont engagées sur l'interprétation de cet article, toutes s'efforçant de s'appuyer
sur les discussions qui eurent lieu au Conseil d'État.
Nous ne parlerons pas des diverses opinions, des nombreux systèmes qui ont été successivement présentés.
Leur exposition excéderait les limites que nous devons
assigner à notre étude (1).

(1) Sans distinguer entre les jugements de condamnation des successibles comme héritiers, certains auteurs ont prétendu que l'effet produit
était général et pouvait être invoqué non-seulement par les parties
poursuivantes, mais encore par celles qui n'avaient pas pris part aux procès·
1° à cause de l'indivisibilité de la qualité d'héritier pur et simple ; 2° parce
que *judiciis quasi contrahimus* ; 3° à cause des dangers que présenteraient
de nouvelles discussions sur une chose jugée déjà et après que des preuves,
des pièces importantes auraient disparu. — Vazeille, art. 800, n° 2. —
Zachariæ, Massé et Vergé, t. II, p. 311. — Taulier, t. III, p. 380 et
suivantes.

· Quelques auteurs ont enseigné que l'héritier, qui était condamné par
un jugement contre lequel il avait la voie de l'opposition ou de l'appel,
et qui le laissait passer en force de chose jugée, était héritier pur et

L'art. 1351 décide que l'autorité de la chose jugée n'a lieu qu'en faveur de la partie qui a obtenu le jugement. L'art. 800 contient-il une exception à cette règle générale?

Un successible fait un acte de maître expressément ou tacitement sur l'hérédité ouverte en sa faveur. Il est constitué *erga omnes* héritier pur et simple. Il ne peut plus revenir sur cette acceptation (783 ex.).

Tant que les délais dont jouit le successible ne sont pas entièrement écoulés, les poursuites qui peuvent être intentées contre lui en sa qualité de représentant du *de cujus*, sont suspendues par l'exception dilatoire qui le protége. Aussitôt qu'ils sont expirés, il doit être suffisamment renseigné sur la consistance de l'hérédité. Toujours saisi de la succession, il peut alors être poursuivi par les créanciers. Par l'acceptation bénéficiaire, il peut mettre son patrimoine à l'abri de leur action.

Si, au contraire, dans l'instance engagée contre lui, il conserve la qualité d'héritier pur et simple qui lui est donnée par le poursuivant, il accepte tacitement, et le jugement qui sera prononcé contre lui pourra être invoqué non-seulement par celui qui l'a obtenu, mais encore par tous ceux qui ont des droits sur l'hérédité à laquelle il s'est volontairement lié.

---

simple *erga omnes*. Dans ce cas il n'y a pas, disent-ils, opposition avec la règle générale de l'art. 1351, puisque le successible est lié non pas par le jugement, mais par sa volonté d'accepter, résultant tacitement de son adhésion à une condamnation qu'il pouvait attaquer. (Marcadé, art. 800. Voir Muraire. Fenet, t. XII, p. 41.) Condamné par un jugement contradictoire et en dernier ressort, le successible n'est constitué héritier pur et simple que vis-à-vis du créancier qui l'a obtenu.

Interprété comme contenant un exemple d'acceptation tacite, l'art. 800 ne présente aucune difficulté; mais étendu au-delà de ses termes, il se trouve en présence de l'art. 1351 avec lequel il est impossible de le concilier.

Si le successible déclare accepter bénéficiairement après l'expiration des délais et qu'un créancier demande l'annulation de cette acceptation restreinte, le prétendant héritier pur et simple, alléguant qu'il a antérieurement accompli un acte d'immixtion et qu'un procès s'engage, il est évident que si la prétention du poursuivant est reconnue juste et bien fondée par le tribunal saisi, le jugement ne pourra être invoqué que par celui-là seul qui l'aura obtenu. Pour tous les autres intéressés, la condamnation prononcée contre le successible sera *res inter alios acta*... (1). Dans cette espèce, la règle générale établie par l'art 1351 devra être appliquée.

Des héritiers de celui à qui une succession est échue et qui est décédé sans l'avoir répudiée ou sans l'avoir acceptée expressément ou tacitement.

Aussitôt que la succession s'ouvre, l'investiture légale la place de plein droit dans le domaine de l'héritier. Il a survécu de quelques instants à peine à son auteur :

(1) Pothier, des Succ., chap. III, Section V, et Introd. au titre XVII de la Cout. d'Orléans, n° 70.

ce temps, quelque court qu'il ait pu être, a suffi pour que la faculté d'accepter ou de renoncer qu'il n'a pas exercée, soit transmise avec son hérédité à ses propres successibles.

Il peut arriver qu'il ne laisse qu'un seul héritier, ou qu'en laissant plusieurs ils soient tous unis dans une même détermination; et alors aucune difficulté ne se présente pour l'exercice du droit légué. Mais que décider si parmi eux il s'en trouve qui veulent accepter pendant que d'autres, au contraire, veulent renoncer? Comment concilier ces opinions diverses sur l'application d'un droit né indivisible et dont on ne peut changer le caractère? En semblable circonstance, l'ancienne jurisprudence décidait que le tribunal devait être saisi par les héritiers, et se laisser guider dans son jugement par l'intérêt du défunt (1). Chaque héritier, en effet, ne pouvait prendre un parti différent. Ils ne devaient avoir qu'une volonté, puisqu'ils ne représentaient qu'une seule personne. Cette solution, rejetée par le législateur moderne à cause des nombreux procès auxquels elle donnait naissance, était cependant basée sur l'équité et sur la raison. Quand par l'effet du désaccord les héritiers ne s'arrêtent à aucune décision qui les réunisse, quoi de plus naturel que de les soumettre au parti le plus avantageux à leur auteur?

Le Code Napoléon décide que les héritiers qui ne s'entendront pas sur le choix, devront accepter bénéficiairement. Dans la pensée des promulgateurs de cet article, cette disposition devait aplanir toutes les diffi-

(1) Pothier, Succ., chap. III, section III.

cultés, fermer la porte aux discussions, aux interminables contestations qui s'élevaient sous l'empire des anciens principes, et tout en reconnaissant, en respectant l'indivisibilité du titre d'héritier, ne nuire à personne (1).

Mais l'acceptation bénéficiaire ne dispense pas du rapport (843), et il peut se présenter des cas où les héritiers aient un grand intérêt à répudier purement et simplement une succession dont l'acceptation les priverait des avantages d'une donation plus considérable que la portion héréditaire qu'ils auraient à recueillir. « Il pourrait être avantageux à quelques-uns que le défunt eût renoncé et à d'autres qu'il eût accepté (2). » On a bien essayé de concilier les paroles de Treilhard avec la disposition contenue dans l'art. 782, mais en dénaturant les termes si formels dans lesquels elle est conçue (3). Aussi M. Marcadé (4), tout en déplorant les conséquences fâcheuses que peut entraîner cette acceptation bénéficiaire imposée, ne croit pas qu'il soit possible de l'éviter toutes les fois que l'on se trouve dans le cas prévu par les art. 781 et 782.

N'eut-il pas mieux valu admettre l'opinion soutenue par la majorité? Ne représente-t-elle pas mieux le défunt qu'un héritier qui, par entêtement, obstination ou erreur est seul déterminé à adopter un parti contraire

(1) Treilhard, Fenet, t. XII, p. 43.

(2) Cambacérès, Fenet, t. XII, p. 45.

(3) Delvincourt. Le bénéfice d'inventaire ne dépouillerait pas le donataire lorsqu'il serait forcé au rapport par un cohéritier excité par le désir de porter préjudice, ou par l'appât d'une somme promise par les autres cohéritiers du donateur pour prix de sa collusion. (2, p. 182. Duranton, 6. 400.)

(4) Marcadé, Succ., art. 782. — Vazeille, Succ., I. nº 3. art. 782.

au vœu unanime? On se fut ainsi rapproché davantage
du « quid utilius » de l'ancienne jurisprudence, à laquelle
on ne peut reprocher, dans cette circonstance, que les
procès nombreux amenés par sa disposition d'une
justice évidente, malgré les inconvénients que présentait
son application. Il est vrai que dans un grand nombre de
cas on n'eût pas obtenu de majorité; mais est-ce là un
motif pour condamner les héritiers, qui par prudence,
par clairvoyance veulent refuser, à l'acceptation bénéficiaire qui, par l'obligation au rapport qu'elle leur
impose, peut leur faire éprouver des pertes considérables?

Toutefois, il faut dire que le tribunal doit ici jouir
d'un grand pouvoir d'appréciation, que les héritiers
qui baseront leur renonciation sur des motifs sérieux,
qui prétendront, par exemple, que la succession est
onéreuse, devront être écoutés. Ils pourront obtenir
un délai pour fournir les preuves à l'appui de ce qu'ils
avancent. Et lorsqu'ils auront montré que l'hérédité
est surchargée de dettes, que leur cohéritier qui veut
accepter ne se détermine à adopter ce parti ruineux
que parce qu'il est l'héritier présomptif de celui qui doit
profiter du rapport, ou parce qu'il collude avec lui, ou
enfin pour toute autre cause frauduleuse, pourra-t-on
leur imposer l'acceptation bénéficiaire (1)? Assurément
non. Peut-être que cet héritier prétextera, pour expliquer son option, le respect que lui inspirait le défunt,
le désir qu'il a de préserver sa mémoire de toute tache.
Mais l'obligation morale qu'il invoquera devra-t-elle
suffire pour contraindre des héritiers n'ayant pas les

(1) Voir Demolombe, Succ., t. II, n° 349-350.

mêmes motifs, à payer avec leurs biens le sacrifice honorable qu'il veut faire au *de cujus ?*

Si un des cohéritiers est mineur, l'acceptation bénéficiaire sera-t-elle imposée avec toutes les obligations énumérées par l'art. 843 ? Le législateur n'a exigé que toutes les successions échues à des mineurs fussent acceptées sous bénéfice d'inventaire, que pour le protéger. Ne serait-ce pas aller contre les mesures tutélaires promulguées en sa faveur, que d'obliger le mineur à rapporter à la succession du donateur les libéralités dont son auteur a été gratifié, lorsqu'elles excèdent la part héréditaire?

Des effets de l'acceptation.

Tous les biens laissés par le *de cujus* sont immédiatement transportés dans le domaine de son successible. La propriété, la possession lui sont instantanément transférées. De longues années se sont écoulées sans que la nouvelle du décès lui soit parvenue, et malgré son ignorance de l'événement, malgré l'inaction dans laquelle il est resté, les prescriptions qui couraient au profit de son auteur feront entrer dans sa propriété les immeubles sur lesquels elles s'exerçaient. Tous les fruits échus depuis l'ouverture, se réuniront à la succession et l'augmenteront. Six mois avant sa mort, le *de cujus* possédait un immeuble ; son héritier n'accepte que six mois après, et néanmoins il peut exercer les actions possessoires qui ne sont accordées qu'à ceux-là seuls qui sont en possession paisible depuis une année, par eux ou les leurs, à titre non précaire (23, Code de Pr.).

Le jour où il accepte, il n'augmente pas ses prérogatives; il rend seulement irrévocable la situation dans laquelle il est placé par la loi depuis le décès. Il entre en exercice de droits qui lui appartenaient déjà. Désormais il ne peut plus rejeter ce titre d'héritier dont il était investi depuis l'ouverture sous la condition de son acceptation. Antérieurement, les créanciers héréditaires pouvaient bien valablement intenter contre lui les actions qu'ils avaient contre leur débiteur primitif, mais leur poursuite pouvait être limitée, par la renonciation, à leur ancien gage. Aujourd'hui ils n'ont plus à craindre cette restriction. L'investissement légal est complet; la confusion des personnes est irrévocablement opérée par la manifestation de la volonté de l'héritier. Il devra acquitter toutes les créances qu'ils lui présenteront, sans distinguer, pour effectuer le paiement qu'ils lui demandent, entre les biens héréditaires et ceux qui lui sont personnels. A la mort du *de cujus*, les deux patrimoines avaient été réunis en un seul, mais le refus d'adhésion pouvait faire disparaître cette confusion fictive; en donnant son consentement, l'héritier ratifie les effets légaux et les rend définitifs.

Les débiteurs de son auteur deviennent les siens. C'est à lui qu'ils paieront ce qu'ils devaient au défunt. Comme le *de cujus*, l'héritier pourra exercer tous les droits et actions qui lui appartenaient, de même qu'il devra subir toutes les poursuites auxquelles il était exposé. Il est évident que les droits attachés à la per-

soient ne lui soient pas transmis et qu'ils s'éteignent avec le *de cujus* (1).

S'il a des cohéritiers, sa vocation embrasse éventuellement l'universalité héréditaire. Si quelques-uns d'entre eux renoncent, les parts abandonnées ne seront pas vacantes, mais viendront se réunir à la sienne. Cependant, il faut distinguer entre plusieurs situations qui peuvent se présenter. Il serait certainement injuste de donner la même solution dans des espèces diverses.

Si une succession est échue à plusieurs, il peut arriver que tous acceptent simultanément, ou bien à des intervalles différents. On a dit que les premiers ne doivent pas se plaindre de l'accroissement, si plus tard leur cohéritier renonçait après avoir fait rompre leur premier engagement. Ils connaissaient l'art. 786 et savaient parfaitement qu'appelés à la totalité héréditaire, leur acceptation ne pouvait être limitée par eux à la part qui leur revenait au moment où ils ont donné leur consentement (2).

S'ils ont, au contraire, accepté en même temps ou même postérieurement à ceux qui font rescinder leur adition, pourra-t-on les obliger à subir l'accroissement ? Nombreux au jour de l'acceptation pour supporter les charges, ils se trouveraient ensuite réduits à quelques-uns pour les acquitter. Peut-être ne s'étaient-ils décidés qu'à cause de cette division entre tous du fardeau héréditaire. Quelques auteurs enseignent que la portion du

(1) Pothier, Succ., chap. III, section II.
(2) Delvincourt, 2, p. 85. — Duranton, 6, n° 464.

renonçant sera dans cette circonstance vacante (1).
Cette opinion me semble trop absolue pour pouvoir
l'admettre. Elle est trop ouvertement en opposition avec
les principes les plus importants sur les successions,
qui prohibent expressément les acceptations partielles
sans distinguer.

Un héritier accepte avant de connaître le parti que
prendra son cohéritier. Quelques jours plus tard ce
dernier fait addition ; mais s'apercevant qu'il a été trompé
par des manœuvres frauduleuses des créanciers héréditaires, il fait annuler sa détermination (783). Ne serait-il
pas inique de poursuivre *ultrà vires* le premier acceptant, à l'occasion de cette portion à laquelle l'auteur
du délit avait dolosivement enchaîné son cohéritier ?

En présence de l'injustice que consacrerait l'application forcée de l'art. 786, les conséquences ordinaires
de l'accroissement doivent être restreintes. La part du
renonçant ira s'adjoindre aux parts acceptées, mais les
créanciers ne pourront diriger leurs poursuites contre
les héritiers qui restent, que jusqu'à concurrence des
biens qui la composent, sans pouvoir leur réclamer le
surplus des charges non acquittées (2).

L'indivisibilité du titre d'héritier, qu'on a invoqué
pour soutenir l'accroissement forcé avec toutes les
charges qu'il peut entraîner, n'est pas attaquée dans
cette opinion. Peut-on admettre, après avoir lu l'arti-

---

(1) Ducaurroy, Bonnier et Roustaing, autorisent les héritiers qui avaient
accepté en même temps ou après le renonçant, à se soustraire aux effets de
l'accroissement par la rescision de leur acceptation.

(2) Vazeille, Succ., art. 786, 2.

cle 77.., ..'un héritier acceptant volontairement la succession pour un quart, fut ensuite, malgré lui, obligé de payer la totalité des dettes qui la grèvent ?

Si l'héritier n'accepte que postérieurement aux renonciations de ses cohéritiers, l'hérédité entière lui sera déférée, non pas par l'effet de l'accroissement, mais parce qu'il est seul appelé : ceux qui renoncent étant censés n'avoir jamais été héritiers (785).

L'enfant qui renonce pour s'en tenir au don ou au legs qui lui a été fait, compte-t-il pour la détermination de la réserve ? *Quæstio alta, profunda difficilis de quâ consultus Raphael Connanus non habuit quod responderet.* Nous n'entrerons pas dans l'étude des nombreuses opinions qui se sont produites en réponse à cette question. Nous donnerons la solution qui nous est inspirée par la lecture du Code Napoléon. Sans distinguer entre l'héritier légitime ordinaire et l'héritier réservataire, l'art. 785 déclare en termes généraux, que celui qui renonce est censé n'avoir jamais été héritier.

La réserve n'est pas une portion des biens attribuée par la loi à certains parents privilégiés à cause des liens qui les unissent au *de cujus*. C'est la succession *ab intestat* réglée, quant à sa distribution, entre ceux qui l'acceptent indépendamment de la volonté du *de cujus*. La part de chaque enfant n'est pas désignée à l'avance. Elle varie avec le nombre de ceux qui font adition. Si le testateur institue un légataire universel et qu'il laisse à sa mort deux enfants, la libéralité testamentaire sera réduite par la réserve qui, dans l'espèce, est des deux tiers. Si l'un d'eux renonce, il deviendra par sa répudiation complétement étranger à l'hérédité et le légataire ne se trouvera plus qu'en présence d'un seul réservataire.

Le *de cujus* ayant deux enfants donne à l'un d'eux une somme de 10,000 francs. Il meurt ne laissant aucun bien. Si le donataire renonce, il devra subir l'action en réduction dirigée contre lui, devenu étranger, par son frère qui a accepté le titre d'héritier, qui seul donne droit à la réserve. Il ne pourra retenir le don que jusqu'à concurrence de la quotité disponible qui, dans ce cas, se compose de la moitié (815) (1).

Désireux de sauvegarder du déshonneur la mémoire du *de cujus*, un héritier a pu se déterminer à accepter une succession absorbée par les dettes. Lié par son quasi-contrat, il subira toutes les conséquences de la confusion de biens qu'il a volontairement consentie. Les obligations du défunt sont devenues les siennes. Comme lui il est engagé envers les créanciers. Mais son engagement doit-il dépasser celui de la personne à laquelle il a succédé? Peut-il être contraint de payer ce que son auteur n'était pas forcé d'acquitter?

Puisant leur titre dans un testament que le disposant pouvait à son gré révoquer, les légataires n'ont jamais eu sur ses biens, malgré leur institution, qu'un droit éventuel dont ils ne pouvaient exiger la réalisation. Au jour du décès leur legs ne peut plus être anéanti par un changement de volonté. Ils doivent être exécutés; mais si les biens avec lesquels ils sont faits sont dévorés

(1) Voir Arrêt de la Cour de Cassation du 27 novembre 1863. Rapport de M. le conseiller Faustin-Hélie, et conclusions du procureur-général Dupin.

par les dettes, l'héritier devra-t-il être condamné à voir ses propres biens détachés de son patrimoine par la poursuite *ultrà vires*, pour payer les libéralités du *de cujus?*

Le Droit romain ne leur reconnaissait aucun recours contre l'héritier. Si la succession était absorbée par les charges, les legs devaient nécessairement tomber (1). Notre ancienne jurisprudence reproduisait les mêmes dispositions. Pothier, dans son Traité des Successions, n'admet le paiement des legs qu'avec des biens appartenant au disposant (2).

Notre Code a-t-il abandonné ces prescriptions si équitables? Nulle part dans les travaux préparatoires nous ne trouvons les traces d'un aussi considérable changement. Assurément, une innovation aussi importante n'eut pas été introduite sans exciter de violentes controverses, sans être signalée par des textes précis, formels. La lecture des art. 724 et 873 suffira-t-elle pour faire prévaloir l'opinion des auteurs qui veulent assimiler, quant à la poursuite à exercer contre l'acceptant, les créanciers aux légataires? Comprendrait-on qu'un chapitre spécial ait été consacré pour déterminer les droits des créanciers reconnus par toutes les législations, et que le législateur, étendant les prérogatives des légataires dans des proportions extraordinaires, ne

---

(1) Inst. de Just., liv. II, tit. XXII, *de lege Falcidia*. — Liv. II, tit. XXIV, *de singulis rebus per fideicommissum relictis*.

(2) Pothier, Succ., chap. V, art. III, § 1. Et non pas même jusqu'à concurrence de tous les biens, mais seulement jusqu'à concurrence des biens disponibles. — Lebrun, liv. IV, chap. II, sect. XI, n° 50. — Furgole, *des Test.*, t. IV, chap. X, sect. III, n° 1.

se soit occupé d'eux, au point de vue de cette réforme,
de cette révolution juridique, que dans des articles isolés?
(Voir 1009, 1012 et 1013.)

Peut-on appeler d'ailleurs legs la disposition d'une
chose, inscrite dans un testament, il est vrai, mais
payée par les biens de l'héritier étranger à la libéralité?
Ne devrait-elle pas tomber devant l'art. 1021 qui pro-
hibe le legs de la chose d'autrui?

A l'appui de l'opinion que je soutiens, on a invoqué
les droits des réservataires, qui semblent méconnus par
les auteurs qui accordent aux légataires la poursuite
ultrà vires. Je ne puis admettre cet argument. Dire
que le Code n'a pas distingué les héritiers privilégiés
des héritiers ordinaires, c'est annuler les art. 926 et
927, qui donnent une action en réduction aux premiers
toutes les fois que leur réserve est entamée par des
libéralités excédant la quotité disponible.

Avec l'acceptation naît immédiatement l'obligation de
rapporter à la masse héréditaire toutes les libéralités
que l'héritier a reçues du *de cujus*. Il n'en est pas mis
à l'abri par le bénéfice d'inventaire. Il ne peut le conserver que lorsque le donateur l'a expressément dispensé
de les rapporter. Dans toute autre circonstance, et quelle
que soit la force des présomptions (autres cependant
que celles prévues par les art. 847 et suiv.), il doit
faire le rapport. On a voulu maintenir l'égalité entre les
divers appelés, et prévenir autant que possible ces divisions domestiques que la vue du patrimoine inégalement
partagé suscitent inévitablement. Il est certain, néanmoins, que le législateur a exagéré sa prévoyance en
obligeant l'héritier légataire à laisser dans l'hérédité le

legs qui lui a été fait. Dans cette espèce, en effet, plus que dans toute autre peut-être, la volonté du disposant d'avantager son successible est clairement manifestée. Les promulgateurs de cet article avaient sous les yeux les dispositions des coutumes de Paris et d'Orléans, qui prohibaient formellement le cumul des qualités d'héritier et de légataire. Ils ont agi plutôt sous l'influence de ces prescriptions que sous celle de la justice et de l'équité, qui demandaient pour guide dans cette décision l'interprétation de la volonté du testateur,.

La succession est déférée en entier à chacun des héritiers qui acceptent. Leur droit s'étend à la totalité indivise. Ils peuvent, quant ils le voudront, provoquer le partage, nul ne pouvant être contraint à demeurer dans l'indivision (815), et se faire délivrer la part qui doit leur revenir.

L'héritier peut prendre des biens dans la succession en deux qualités : comme appelé et comme légataire. Les obligations auxquelles il est assujetti dans le premier cas, n'existent pas dans le second. Devenu, par exemple, propriétaire de la moitié de l'hérédité par le cumul de ses deux titres, il ne sera cependant obligé de payer les dettes du défunt que pour un quart, s'il n'a recueilli qu'un quart comme héritier.

A la mort du *de cujus*, les dettes qu'il laisse se divisent de plein droit entre ses héritiers (Exc. 1221). Chacun d'eux s'engage par l'acceptation à les acquitter même avec des biens personnels ; mais la poursuite *ultra vires* dont l'adition arme les créanciers héréditaires doit être limitée à la part pour laquelle ils représentent leur auteur. Je suppose trois héritiers appelés à une

succession, avec des droits égaux. Ils recueilleront un
tiers et ne devront être soumis qu'à un tiers des charges.
Les créanciers ne pourront, dans le cas de l'insolvabilité
de l'un d'entre eux, recourir contre les autres. Sans
doute avant le décès de leur débiteur primitif ils avaient
pour gage sa fortune entière, et il peut sembler injuste
qu'il soit restreint aujourd'hui par la division qui s'est
produite indépendamment de leur volonté (1220).

La loi est venue à leur aide dans cette circonstance, en
leur permettant de s'opposer à la confusion des patrimoines de leurs débiteurs et de celui de l'héritier (878).
Par le quasi-contrat d'adition, il s'opère une sorte de
novation qu'ils peuvent refuser (879). S'ils redoutent
l'insolvabilité des débiteurs nouveaux, ils sont libres
de ne pas les accepter. Grâce à cette séparation, les
biens qui composent la succession sont entièrement à
l'abri de créanciers personnels de l'héritier, du moins
jusqu'à ce que les créances des demandeurs du bénéfice
soient acquittées intégralement.

En Droit romain, les jurisconsultes étaient divisés sur
les résultats de la séparation de patrimoines. Paul et
Ulpien voulaient que ceux qui l'avaient obtenue ne puissent plus exercer de poursuites contre l'héritier. « Recesserunt a personâ heredis. » Papinien, au contraire,
prétendait que c'était une faveur qui leur était accordée
et que dans aucun cas elle ne devait leur nuire : aussi
les autorisait-il à venir réclamer le complément de leurs
créances à l'héritier. Il déclarait cependant qu'ils ne
devaient recevoir de paiement qu'après les créanciers
personnels de l'acceptant. Lebrun, Pothier et Domat

se rallièrent à cette dernière opinion (1). La décision de Papinien avait reçu force de loi. Il ne pouvait donc exister de doute sur les droits des créanciers du *de cujus*. Les effets de la séparation de patrimoines étaient parfaitement déterminés.

Mais dans notre code pouvons-nous adopter cette doctrine? En vertu de quel texte viendrons-nous nous opposer à la demande des créanciers héréditaires, qui après avoir absorbé les biens sans être complètement désintéressés, viendront concourir avec les créanciers personnels de l'héritier? Pourrons-nous, au nom de l'équité invoquée par le jurisconsulte romain, les reléguer au dernier rang et les forcer d'attendre, pour l'acquittement de ce qui leur est dû, que tous les créanciers de l'héritier soient intégralement payés?

Quand l'héritier a accepté, il s'est définitivement lié envers eux. Il s'est irrévocablement engagé à acquitter toutes les dettes dont la succession était grevée. En demandant la séparation des patrimoines, ils ne l'ont pas relevé de son engagement à leur égard, ils ne l'ont pas libéré. Ils ont conservé tous les droits résultant pour eux de son quasi-contrat, et ce n'est pas assurément par l'obtention d'un bénéfice exclusivement créé en leur faveur, qu'ils peuvent ni les avoir perdus ni même les avoir diminués.

L'article 873 dit que les héritiers sont tenus des dettes personnellement pour leur part et portion virile. Les dispositions de l'ancienne jurisprudence que les rédacteurs de notre code avaient sous les yeux, leur firent

(1) Loi 3, §2, de Separationibus. Digeste.

11

commettre cette erreur. Dans l'ancien Droit, la dévolution des biens était réglée d'après leur origine et leur nature. Il eut donc été injuste de contraindre les créanciers à subir les longs délais qu'entraînaient les expertises et les estimations auxquelles on devait procéder pour la détermination des parts revenant à chacun des héritiers. Aussi leur était-il permis de poursuivre immédiatement, à la condition de limiter leur poursuite à la portion virile de celui contre lequel ils la dirigeaient. Si ce dernier avait payé au delà de sa part contributoire, il se faisait rembourser par ses cohéritiers. La distinction entre les différents biens composant une succession a été abolie par l'art. 732. (Exc. Succ. an. 351, 747, 760). Nous nous trouvons donc toujours dans l'hypothèse prévue par Pothier (1). « Lorsque tous les héritiers du défunt sont héritiers aux mêmes biens, la part que chacun a pris dans la succession est certaine, et par conséquent la part que chacun doit supporter dans les dettes l'est aussi » (2).

La division des dettes héréditaires ne s'effectue qu'entre les personnes qui représentent le défunt. Le *de cujus* laisse deux fils; il lègue à un étranger le tiers de ses biens à titre universel : les créanciers n'auront pas trois débiteurs quoique la succession ait été partagée entre trois personnes. Ceux-là seuls qui sont saisis répondront des obligations souscrites par le débiteur originaire.

Si les enfants délivrent le legs à l'institué, ils auront

(1) Pothier, des Succ., chap. V, art. III, § II.
(2) Pothier, des Succ., chap. V, art. III, § II.

à subir les pertes que pourra occasionner son insolvabilité, lorsqu'ils exerceront leur recours contre lui. Mais ils
auront certainement le droit d'exiger, avant de le mettre
en possession, qu'il leur fournisse une caution qui les
garantira des risques que la position de fortune, la conduite du légataire pourrait leur faire redouter. « Bona
non intelliguntur nisi deducto œre alieno. »

Par l'effet du partage, un immeuble grevé d'une
hypothèque est tombé dans le lot de l'un des héritiers.
Poursuivi par le créancier, ce dernier est contraint de
payer la totalité de la dette. L'art. 875 appliquant aux
rapports des cohéritiers entre eux, les règles que l'art.
1214 prescrit entre co-débiteurs solidaires, limite
l'action hypothécaire que peut exercer à son tour l'héritier poursuivi, à la part des dettes dont chacun de ses
cohéritiers est tenu, malgré la subrogation. (1251
2° et 3°) (1).

Il peut se présenter le cas où l'héritier se trouve en
même temps créancier personnel et hypothécaire du *de
cujus*. La confusion de personnes ne peut s'opérer que
jusqu'à concurrence de la part pour laquelle il représente le défunt. Il est évident qu'il pourra exercer
l'action hypothécaire sur les immeubles hypothéqués,
contre ses cohéritiers pour obtenir le paiement de ce qui
lui est dû, sous la déduction de sa portion héréditaire.
L'héritier sous bénéfice d'inventaire jouit d'un droit
encore plus étendu, puisqu'il peut agir comme tout
autre créancier, sans être astreint à déduire sa part.

(1) Subrogé de plein droit. Pothier nous dit que l'héritier devait en
payant requérir la subrogation du créancier.

On a dit, pour refuser à l'héritier créancier l'exercice de son action hypothécaire pour le tout contre son cohéritier détenteur, que le recours en garantie auquel sont soumis tous les cohéritiers (884), ferait revivre ce circuit d'actions que le législateur s'est efforcé d'éviter. Mais celui qui aura payé, par l'effet de l'hypothèque, au-delà de sa part contributoire dans la dette commune, devra comme le cohéritier de l'art. 875 proportionner sa demande en restitution aux portions prises dans l'hérédité par chacun de ceux contre lesquels il l'intentera. (1).

Dans notre ancienne jurisprudence, l'exécution du titre contre le défunt était subordonnée, quant à son exercice contre ses héritiers, à l'obtention préalable d'un jugement. Notre Code n'a pas exigé des créanciers l'accomplissement d'une formalité qui souvent n'était qu'un expédient frauduleux employé par les débiteurs pour imposer des délais. Ils doivent faire signifier les titres exécutoires à la personne ou au domicile de l'héritier (877). Huit jours après, ils peuvent procéder contre lui comme ils l'eussent fait contre le défunt. L'héritier bénéficiaire n'a à redouter aucune poursuite tant que les délais qui lui sont accordés ne sont pas expirés. Mais la signification des titres lui sera valable-

---

(1) Loi 1, C., de he edit. action., 4, 10. — « L'on en peut alléguer cette raison que l'héritier n'est point obligé de communiquer cette créance à ses cohéritiers, parce que ce n'est point une affaire qu'il ait négociée, en qualité d'héritier, avec un étranger, mais qu'il était créancier de celui de *cujus bonis* avant son décès ; ce qui fait une différence essentielle de cette espèce et de celle où l'on suppose que l'un des héritiers a payé une dette de la succession à un créancier qui l'a subrogé. Lebrun, *Traité des Succ.,* liv. IV, chap. II, sect. 1, nombre 43.

ment faite pendant qu'il fait l'inventaire et qu'il déli-
bère (1).

En obtenant le bénéfice d'inventaire, l'héritier n'a
pas aliéné son droit d'accepter purement et simplement.
Il peut toujours, soit qu'il soit fatigué de cette surveillance incessante des divers intéressés, soit qu'il s'aper-
çoive que ses craintes n'avaient aucun fondement,
abandonner cette sorte d'égide que la loi lui a donné
contre les créanciers héréditaires. Dès-lors, ses biens
viennent se réunir à l'hérédité, et la séparation du patrimoine disparait avec tous les effets qu'elle produisait.
Les créanciers de la succession ne pourront pas assurément le retenir dans cette situation que la loi, dans
son intérêt exclusif, lui avait permis de prendre. L'article 878 leur offre un asile contre les conséquences de
la confusion. S'ils ne l'invoquent pas, ils seront obligés
de supporter tous les résultats de cette novation qui
s'est produite au décès de leur débiteur originaire et à
l'accomplissement de laquelle ils ont tacitement donné
leur adhésion (2).

Les légataires doivent être considérés comme des
créanciers de la succession. Ils peuvent demander la
séparation des patrimoines. Les libéralités que le *de
cujus* leur a faites pourront bien devenir caduques si
les dettes qu'il a laissées absorbent tous ses biens;
mais elles ne doivent certainement pas devenir la proie
des créanciers personnels de l'acceptant.

(1) Arrêt du 29 décembre 1814. *J. du Palais*, t. 41, p. 201, Cour
royale de Paris.
(2) Blondeau, *Traité de la séparation des patrimoines.* — Zacharie,
Aubry et Rau, t. V, § 610, note 68, *contrà*.

Si les créanciers poursuivent leur paiement avant le partage, ils peuvent agir contre chacun des héritiers par l'action personnelle et par l'action hypothécaire, puisque tous sont propriétaires des immeubles indivis. Par l'effet de la licitation, il peut arriver que quelques-uns d'entre eux ne reçoivent pour leur part que du mobilier. L'action personnelle seule pourra alors être dirigée contre eux jusqu'à concurrence de leur portion héréditaire. Contre les détenteurs d'immeubles, au contraire, les créanciers pourront agir personnellement et hypothécairement. Basée sur un quasi-contrat irrévocable, définitif, l'action personnelle frappe l'héritier jusque dans son patrimoine et ne s'arrête que devant le paiement intégral des sommes qu'il doit en sa qualité de représentant du défunt. L'action hypothécaire s'exerce directement contre l'immeuble. Par le délaissement, le détenteur se soustrait à la poursuite, quand il n'est pas personnellement obligé à la dette (2168 et 2172). Héritier du débiteur, il ne représente ce dernier que pour la part recueillie.

POSITIONS

DROIT ROMAIN.

I. Si la chose donnée à cause de mort a été vendue par le donataire, au cas de non-événement de la condition, le donateur pourra, à son choix, réclamer le prix ou la valeur réelle. (L. 37, § 1, *de m. c. don.*)

II. En cas de concours d'une hypothèque générale et d'une hypothèque spéciale, il faut appliquer la règle : *Prior tempore potior jure.* (D., l. 2, l. 8, *qui potiores in pignore ;* l. 1, *de Distractione pignorum.*)

III. Entre deux acquéreurs de bonne foi de différents non-propriétaires, l'action Publicienne était par préférence accordée au possesseur. (L. 9, § 4, D., *de Pub. de actionibus empti,* 31, § 2.)

IV. Malgré l'assertion de Justinien dans le paragraphe 28, *de Actionibus* (Instit.), la pétition d'hérédité n'est pas, à proprement parler, une action de bonne foi, mais une action arbitraire. (D., *de Hered. petit.,* l. 38, 44, 30, § 1, 50, 58. *Si pars hereditatis petatur,* l. 1, § 3, D.)

ANCIEN DROIT FRANÇAIS.

I. La communauté est d'origine germanique.

II. L'augment de dot tire son origine de la donation *sponsalitia* ou *ante nuptias*.

DROIT FRANÇAIS.

I. L'enfant renonçant ne peut pas cumuler sa part de réserve et la quotité disponible.

II. L'enfant renonçant ne doit être compté dans aucun cas pour la détermination de la réserve et de la quotité disponible.

III. L'objet que le donataire a laissé en nature dans sa succession, mais dont il a disposé au profit d'un tiers par testament, ne fait pas retour à l'ascendant donateur.

IV. L'article 901 est spécial aux dispositions à titre gratuit.

V. La saisine n'est pas collective.

VI. L'aïeul, en présence d'un frère du *de cujus* et d'un légataire universel, a droit à la réserve.

VII. La femme exerce ses reprises à titre de créancière.

VIII. Les actes à titre onéreux passés par l'héritier apparent doivent être maintenus si l'acquéreur était de bonne foi.

PROCÉDURE CIVILE.

I. Dans l'exploit d'ajournement, l'omission des prénoms du défendeur n'est pas suffisante pour entraîner la nullité de l'exploit, quand il ne peut s'élever aucun doute sur la personne qui est assignée.

II. Le défaut d'élection de domicile entraîne la nullité de la saisie-exécution.

III. L'étranger et le mineur ne peuvent être nommés arbitres.

IV. Le compromis ne peut être établi par procès-verbal devant les arbitres, si les parties ou l'une d'elles ne savent pas signer.

DROIT COMMERCIAL.

I. Lorsque le mari refuse d'autoriser sa femme à faire le commerce, la justice ne peut l'y autoriser.

II. En cas de faillite du tireur, la provision appartient au porteur.

III. L'art. 1657 (C. N.) est applicable en matière de vente commerciale.

DROIT CRIMINEL.

I. La Cour d'assises, jugeant par contumace, peut tenir compte des circonstances atténuantes.

II. Le désistement de la partie civile (art. 66, Instruction criminelle) est définitif.

III. L'action civile résultant d'un crime, d'un délit ou d'une contravention de simple police, se prescrit par le même temps que l'action publique.

IV. Le recéleur est protégé par la prescription qui protège le voleur.

DROIT ADMINISTRATIF.

I. Le lit des rivières non navigables ni flottables appartient aux propriétaires riverains.

II. Le ministre est le juge ordinaire en matière de contentieux administratif.

III. Les juridictions administratives ne sont pas des juridictions d'exception.

Cette Thèse sera soutenue en séance publique, dans une des salles de la Faculté de Droit de Toulouse, le

---

Vu par le Président de la Thèse,

A. RODIÈRE.

Le Doyen,

DUFOUR.

Vu et permis d'imprimer :

L'Inspecteur d'Académie faisant fonctions de Recteur,

VIDAL-LABLACHE.

« Les visa exigés par les règlements sont une garantie des principes et
« des opinions relatifs à la religion, à l'ordre public et aux bonnes mœurs
» (Statut du 9 avril 1828, article 41), mais non des opinions purement
» juridiques, dont la responsabilité est laissée aux candidats.
» Le candidat répondra, en outre, aux questions qui lui seront faites
» sur les autres matières de l'enseignement. »